Gottfried Keller

Kleider machen Leute

Schroedel

Gottfried Keller (1819–1890).
Porträt von Karl Stauffer-Bern (1857–1891)
aus dem Jahre 1886. 70 mal 58,5 cm.

Gottfried Keller

Kleider machen Leute

An einem unfreundlichen Novembertage wanderte ein armes Schneiderlein auf der Landstraße nach Goldach, einer kleinen reichen Stadt, die nur wenige Stunden von Seldwyla entfernt ist. Der Schneider trug in seiner Tasche nichts, als einen Fingerhut, welchen er, in Ermangelung irgendeiner Münze, unablässig zwischen den Fingern drehte, wenn er der Kälte wegen die Hände in die Hosen steckte, und die Finger schmerzten ihm ordentlich von diesem Drehen und Reiben, denn er hatte wegen des Fallimentes irgendeines Seldwyler Schneidermeisters seinen Arbeitslohn mit der Arbeit zugleich verlieren und auswandern müssen. Er hatte noch nichts gefrühstückt, als einige Schneeflocken, die ihm in den Mund geflogen, und er sah noch weniger ab, wo das geringste Mittagbrot herwachsen sollte. Das Fechten fiel ihm äußerst schwer, ja schien ihm gänzlich unmöglich, weil er über seinem schwarzen Sonntagskleide, welches sein einziges war, einen weiten dunkelgrauen Radmantel trug, mit schwarzem Samt ausgeschlagen, der seinem Träger ein edles und romantisches Aussehen verlieh, zumal dessen lange schwarze Haare und Schnurrbärtchen sorgfältig gepflegt waren und er sich blasser aber regelmäßiger Gesichtszüge erfreute.

Goldach
→ Seite 61

Seldwyla
→ Seite 61

des Fallimentes der Zahlungsunfähigkeit, des Bankrotts

herwachsen herkommen

Fechten Betteln

Radmantel kreisförmig geschnittener ärmelloser Umhang aus festem Stoff

Solcher Habitus war ihm zum Bedürfnis geworden ohne dass er etwas Schlimmes oder Betrügerisches dabei im Schilde führte; vielmehr war er zufrieden, wenn man ihn nur gewähren und im Stillen seine Arbeit verrichten ließ; aber lieber wäre er verhungert, als dass er sich von seinem Radmantel und von seiner polnischen Pelzmütze getrennt hätte, die er ebenfalls mit großem Anstand zu tragen wusste.

Habitus (lat.) Erscheinungsbild, Auftreten

Er konnte deshalb nur in größeren Städten arbeiten, wo solches nicht zu sehr auffiel; wenn er wanderte und keine Ersparnisse mitführte, geriet er in die größte Not. Näherte er sich einem Hause, so betrachteten ihn die Leute mit Ver-

mit großem Anstand mit viel Schicklichkeit, mit Würde und Eleganz

wunderung und Neugierde und erwarteten eher alles andere, als dass er betteln würde; so erstarben ihm, da er überdies nicht beredt war, die Worte im Munde, also dass er der Märtyrer seines Mantels war und Hunger litt, so schwarz wie des Letzteren Sammetfutter.

Sammetfutter Innenfutter aus Samt

Als er bekümmert und geschwächt eine Anhöhe hinaufging, stieß er auf einen neuen und bequemen Reisewagen, welchen ein herrschaftlicher Kutscher in Basel abgeholt hatte und seinem Herrn überbrachte, einem fremden Grafen, der irgendwo in der Ostschweiz auf einem gemieteten oder angekauften alten Schlosse saß. Der Wagen war mit allerlei Vorrichtungen zur Aufnahme des Gepäckes versehen und schien deswegen schwer bepackt zu sein, obgleich alles leer war. Der Kutscher ging wegen des steilen Weges neben den Pferden, und als er oben angekommen den Bock wieder bestieg, fragte er den Schneider, ob er sich nicht in den leeren Wagen setzen wolle. Denn es fing eben an zu regnen und er hatte mit einem Blicke gesehen, dass der Fußgänger sich matt und kümmerlich durch die Welt schlug.

herrschaftlicher Kutscher Kutscher eines herrschaftlichen Hauses

Derselbe nahm das Anerbieten dankbar und bescheiden an, worauf der Wagen rasch mit ihm von dannen rollte und in einer kleinen Stunde stattlich und donnernd durch den Torbogen von Goldach fuhr. Vor dem ersten Gasthofe, zur Waage genannt, hielt das vornehme Fuhrwerk plötzlich, und alsogleich zog der Hausknecht so heftig an der Glocke, dass der Draht beinahe entzweiging. Da stürzten Wirt und Leute herunter und rissen den Schlag auf; Kinder und Nachbaren umringten schon den prächtigen Wagen, neugierig, welch ein Kern sich aus so unerhörter Schale enthülsen werde, und als der verdutzte Schneider endlich hervorsprang in seinem Mantel, blass und schön und schwermütig zur Erde blickend, schien er ihnen wenigstens ein geheimnisvoller Prinz oder Grafensohn zu sein. Der Raum zwischen dem Reisewagen

einer kleinen weniger als einer

Leute Bedienstete, Hauspersonal

den Schlag die Wagentür

unerhörter aufsehenerregender

und der Pforte des Gasthauses war schmal und im Übrigen der Weg durch die Zuschauer ziemlich gesperrt. Mochte es nun der Mangel an Geistesgegenwart oder an Mut sein, den Haufen zu durchbrechen und einfach seines Weges zu gehen, – er tat dieses nicht, sondern ließ sich willenlos in das Haus und die Treppe hinan geleiten und bemerkte seine neue seltsame Lage erst recht, als er sich in einen wohnlichen Speisesaal versetzt sah und ihm sein ehrwürdiger Mantel dienstfertig abgenommen wurde.

»Der Herr wünscht zu speisen?«, hieß es, »gleich wird serviert werden, es ist eben gekocht!«

Ohne eine Antwort abzuwarten lief der Waagwirt in die Küche und rief: »Ins drei Teufels Namen! Nun haben wir nichts als Rindfleisch und die Hammelskeule! Die Rebhuhnpastete darf ich nicht anschneiden, da sie für die Abendherren bestimmt und versprochen ist. So geht es! Den einzigen Tag, wo wir keinen Gast erwarten und nichts da ist, muss ein solcher Herr kommen! Und der Kutscher hat ein Wappen auf den Knöpfen und der Wagen ist wie der eines Herzogs! und der junge Mann mag kaum den Mund öffnen vor Vornehmheit!«

Doch die ruhige Köchin sagte: »Nun, was ist denn da zu lamentieren, Herr? Die Pastete tragen Sie nur kühn auf, die wird er doch nicht aufessen! Die Abendherren bekommen sie dann portionenweise, sechs Portionen wollen wir schon noch herausbringen!«

»Sechs Portionen? Ihr vergesst wohl, dass die Herren sich satt zu essen gewohnt sind!«, meinte der Wirt, allein die Köchin fuhr unerschüttert fort: »Das sollen sie auch! Man lässt noch schnell ein halbes Dutzend Kotelettes holen, die brauchen wir sowieso für den Fremden, und was er übriglässt, schneide ich in kleine Stückchen und menge sie unter die Pastete da lassen Sie nur mich machen!«

hinan hinauf (gehobener Sprachgebrauch)

Rebhuhnpastete → Seite 65

Abendherren abendliche Stammgäste

ein Wappen auf den Knöpfen (als Zeichen, dass er in einem vornehmen Hause dient)

lamentieren (lat.) laut jammern, klagen

Doch der wackere Wirt sagte ernsthaft: »Köchin, ich habe Euch schon einmal gesagt, dass dergleichen in dieser Stadt und in diesem Hause nicht angeht! Wir leben hier solid und ehrenfest und vermögen es!«

Ei der Tausend → Seite 65

Schnepfen → Seite 65

den Augenblick gerade eben

»Ei der Tausend, ja, ja!«, rief die Köchin endlich etwas aufgeregt, »wenn man sich dann nicht zu helfen weiß, so opfere man die Sache! Hier sind zwei Schnepfen, die ich den Augenblick vom Jäger gekauft habe, die kann man am Ende der Pastete zusetzen! Eine mit Schnepfen gefälschte Rebhuhnpastete werden die Leckermäuler nicht beanstanden! Sodann sind auch die Forellen da, die größte habe ich in das siedende Wasser geworfen, wie der merkwürdige Wagen kam, und da kocht auch schon die Brühe im Pfännchen; so haben wir also einen Fisch, das Rindfleisch, das Gemüse mit den Kotelettes, den Hammelsbraten und die Pastete; geben Sie nur den Schlüssel, dass man das Eingemachte und den Dessert herausnehmen kann! Und den Schlüssel könnten Sie, Herr! mir mit Ehren und Zutrauen übergeben, damit man Ihnen nicht allerorten nachspringen muss und oft in die größte Verlegenheit gerät!«

Eingemachte in Einmachgläsern eingekochte Gemüse und Obst (vgl. Z. 24–26)

herausnehmen (aus der Speisekammer)

Todbette mundartlich für: Totenbett

Konfekt im Schweizer Sprachraum vor allem Teegebäck

Zuckerbeck (schweizerdeutsch) Zuckerbäcker, Konditor

»Liebe Köchin! Das braucht Ihr nicht übel zu nehmen, ich habe meiner seligen Frau am Todbette versprechen müssen, die Schlüssel immer in Händen zu behalten; sonach geschieht es grundsätzlich und nicht aus Misstrauen. Hier sind die Gurken und hier die Kirschen, hier die Birnen und hier die Aprikosen; aber das alte Konfekt darf man nicht mehr aufstellen; geschwind soll die Lise zum Zuckerbeck laufen und frisches Backwerk holen, drei Teller, und wenn er eine gute Torte hat, soll er sie auch gleich mitgeben!«

»Aber Herr! Sie können ja dem einzigen Gast das nicht alles aufrechnen, das schlägt's beim besten Willen nicht heraus!«

»Tut nichts, es ist um die Ehre! Das bringt mich nicht um; dafür soll ein großer Herr, wenn er durch unsere Stadt reist, sagen können, er habe ein ordentliches Essen gefunden, obgleich er ganz unerwartet und im Winter gekommen sei! Es soll nicht heißen wie von den Wirten zu Seldwyl, die alles Gute selber fressen und den Fremden die Knochen vorsetzen! Also frisch, munter, sputet Euch allerseits!«

Während dieser umständlichen Zubereitungen befand sich der Schneider in der peinlichsten Angst, da der Tisch mit glänzendem Zeuge gedeckt wurde, und so heiß sich der ausgehungerte Mann vor Kurzem noch nach einiger Nahrung gesehnt hatte, so ängstlich wünschte er jetzt, der drohenden Mahlzeit zu entfliehen. Endlich fasste er sich einen Mut, nahm seinen Mantel um, setzte die Mütze auf und begab sich hinaus, um den Ausweg zu gewinnen. Da er aber in seiner Verwirrung, und in dem weitläufigen Hause die Treppe nicht gleich fand, so glaubte der Kellner, den der Teufel beständig umhertrieb, jener suche eine gewisse Bequemlichkeit, rief: »Erlauben Sie gefälligst, mein Herr, ich werde Ihnen den Weg weisen!« und führte ihn durch einen langen Gang, der nirgend anders endigte, als vor einer schön lackierten Türe, auf welcher eine zierliche Inschrift angebracht war.

umständlichen groß angelegten

peinlichsten quälendsten

glänzendem Zeuge einer Tischdecke und Servietten aus feinem Stoff

Ausweg zu gewinnen Ausgang zu erreichen

eine gewisse Bequemlichkeit verhüllende Umschreibung für die Toilette

Also ging der Mantelträger ohne Widerspruch, sanft wie ein Lämmlein, dort hinein und schloss ordentlich hinter sich zu. Dort lehnte er sich bitterlich seufzend an die Wand, und wünschte der goldenen Freiheit der Landstraße wieder teilhaftig zu sein, welche ihm jetzt, so schlecht das Wetter war, als das höchste Glück erschien.

Doch verwickelte er sich jetzt in die erste selbsttätige Lüge, weil er in dem verschlossenen Raum ein wenig verweilte und er betrat hiermit den abschüssigen Weg des Bösen.

Unterdessen schrie der Wirt, der ihn gesehen hatte im Mantel dahingehen: »Der Herr friert! heizet mehr ein im Saal! Wo ist die Lise, wo ist die Anne? Rasch einen Korb

Holz in den Ofen und einige Hände voll Späne, dass es brennt! Zum Teufel, sollen die Leute in der Waage im Mantel zu Tisch sitzen?«

Und als der Schneider wieder aus dem langen Gange hervorgewandelt kam, melancholisch wie der umgehende Ahnherr eines Stammschlosses, begleitete er ihn mit hundert Komplimenten und Handreibungen wiederum in den verwünschten Saal hinein. Dort wurde er ohne ferneres Verweilen an den Tisch gebeten, der Stuhl zurechtgerückt und da der Duft der kräftigen Suppe, dergleichen er lange nicht gerochen, ihn vollends seines Willens beraubte, so ließ er sich in Gottes Namen nieder und tauchte sofort den schweren Löffel in die braungoldene Brühe. In tiefem Schweigen erfrischte er seine matten Lebensgeister und wurde mit achtungsvoller Stille und Ruhe bedient.

umgehende als Geist umgehende

Komplimenten Schmeichelreden, Höflichkeiten

Handreibungen sich fortwährend beflissen und angeregt die Hände reibend

ferneres weiteres

Als er den Teller geleert hatte und der Wirt sah, dass es ihm so wohl schmeckte, munterte er ihn höflich auf, noch einen Löffel voll zu nehmen, das sei gut bei dem rauhen Wetter. Nun wurde die Forelle aufgetragen, mit Grünem bekränzt, und der Wirt legte ein schönes Stück vor. Doch der Schneider, von Sorgen gequält, wagte in seiner Blödigkeit nicht, das blanke Messer zu brauchen, sondern hantierte schüchtern und zimperlich mit der silbernen Gabel daran herum. Das bemerkte die Köchin, welche zur Türe hereinguckte, den großen Herren zu sehen, und sie sagte zu den Umstehenden: »Gelobt sei Jesus Christ! Der weiß noch einen feinen Fisch zu essen, wie es sich gehört, der sägt nicht mit dem Messer in dem zarten Wesen herum, wie wenn er ein Kalb schlachten wollte. Das ist ein Herr von großem Hause, darauf wollt ich schwören, wenn es nicht verboten wäre! Und wie schön und traurig er ist! Gewiss ist er in ein armes Fräulein verliebt, das man ihm nicht lassen will! Ja ja, die vornehmen Leute haben auch ihre Leiden!«

mit Grünem wohl: Petersilie

Blödigkeit Schüchternheit, Ungeschicklichkeit

Inzwischen sah der Wirt, dass der Gast nicht trank, und sagte ehrerbietig: »Der Herr mögen den Tischwein nicht, befehlen Sie vielleicht ein Glas guten Bordeaux, den ich bestens empfehlen kann?«

Tischwein … guten Bordeaux
→ Seite 65

Da beging der Schneider den zweiten selbsttätigen Fehler, indem er aus Gehorsam ja statt nein sagte, und alsobald verfügte sich der Waagwirt persönlich in den Keller, um eine ausgesuchte Flasche zu holen; denn es lag ihm alles daran, dass man sagen könne, es sei etwas Rechtes im Ort zu haben. Als der Gast von dem eingeschenkten Wein wiederum aus bösem Gewissen ganz kleine Schlücklein nahm, lief der Wirt voll Freuden in die Küche, schnalzte mit der Zunge und rief: »Hol mich der Teufel, der versteht's, der schlürft meinen guten Wein auf die Zunge, wie man einen Dukaten auf die Goldwaage legt!«

Dukaten in ganz Europa als Zahlungsmittel verwendete Gold- oder Silbermünze, deren Wert je nach Herkunft variierte

»Gelobt sei Jesus Christ!«, sagte die Köchin, »ich hab's ja behauptet, dass er's versteht!«

So nahm die Mahlzeit denn ihren Verlauf und zwar sehr langsam, weil der arme Schneider immer zimperlich und unentschlossen aß und trank und der Wirt, um ihm Zeit zu lassen, die Speisen genugsam stehen ließ. Trotzdem war es nicht der Rede wert, was der Gast bis jetzt zu sich genommen; vielmehr begann der Hunger, der immerfort so gefährlich gereizt wurde, nun den Schrecken zu überwinden, und als die Pastete von Rebhühnern erschien, schlug die Stimmung des Schneiders gleichzeitig um und ein fester Gedanke begann sich in ihm zu bilden. »Es ist jetzt einmal, wie es ist«, sagte er sich, von einem neuen Tröpflein Weines erwärmt und aufgestachelt; »nun wäre ich ein Tor, wenn ich die kommende Schande und Verfolgung ertragen wollte ohne mich dafür satt gegessen zu haben! Also vorgesehen, weil es noch Zeit ist! Das Türmchen, was sie da aufgestellt haben, dürfte leichtlich die letzte Speise sein, daran will ich mich

genugsam angemessen lange

leichtlich wohl, wahrscheinlich

halten, komme was da wolle! Was ich einmal im Leibe habe, kann mir kein König wieder rauben!«

Gesagt, getan; mit dem Mute der Verzweiflung hieb er in die leckere Pastete, ohne an ein Aufhören zu denken, so dass sie in weniger als fünf Minuten zur Hälfte geschwunden war und die Sache für die Abendherren sehr bedenklich zu werden begann. Fleisch, Trüffeln, Klößchen, Boden, Deckel, alles schlang er ohne Ansehen der Person hinunter, nur besorgt, sein Ränzchen vollzupacken, ehe das Verhängnis hereinbräche; dazu trank er den Wein in tüchtigen Zügen und steckte große Brotbissen in den Mund; kurz es war eine so hastig belebte Einfuhr, wie wenn bei aufsteigendem Gewitter das Heu von der nahen Wiese gleich auf der Gabel in die Scheune geflüchtet wird. Abermals lief der Wirt in die Küche und rief: »Köchin! Er isst die Pastete auf, während er den Braten kaum berührt hat! Und den Bordeaux trinkt er in halben Gläsern!«

sein Ränzchen vollzupacken sich den Bauch vollzuschlagen

»Wohl bekomm es ihm«, sagte die Köchin, »lassen Sie ihn nur machen, der weiß, was Rebhühner sind! Wär er ein gemeiner Kerl, so hätte er sich an den Braten gehalten!«

gemeiner Kerl einfacher Mensch, ohne Benehmen und Geschmack

»Ich sag's auch«, meinte der Wirt: »es sieht sich zwar nicht ganz elegant an; aber so hab ich, als ich zu meiner Ausbildung reiste, nur Generäle und Kapitelsherren essen sehen!«

als ich zu meiner Ausbildung reiste als ich während meiner Lehrzeit in der Welt herumgekommen bin

Kapitelsherren → Seite 65

Unterdessen hatte der Kutscher die Pferde füttern lassen und selbst ein handfestes Essen eingenommen in der Stube für das untere Volk, und da er Eile hatte, ließ er bald wieder anspannen. Die Angehörigen des Gasthofes zur Waage konnten sich nun nicht länger enthalten und fragten, eh es zu spät wurde, den herrschaftlichen Kutscher geradezu, wer sein Herr da oben sei und wie er heiße? Der Kutscher, ein schalkhafter und durchtriebener Kerl, versetzte: »Hat er es noch nicht selbst gesagt?«

versetzte entgegnete

»Nein«, hieß es, und er erwiderte: »Das glaub ich wohl, der spricht nicht viel in einem Tage; nun, es ist der Graf Strapinski! Er wird aber heut und vielleicht einige Tage hierbleiben, denn er hat mir befohlen mit dem Wagen vorauszufahren.«

Er machte diesen schlechten Spaß, um sich an dem Schneiderlein zu rächen, das, wie er glaubte, statt ihm für seine Gefälligkeit ein Wort des Dankes und des Abschiedes zu sagen, sich ohne Umsehen in das Haus begeben hatte und den Herren spielte. Seine Eulenspiegelei aufs Äußerste treibend, bestieg er auch den Wagen, ohne nach der Zeche für sich und die Pferde zu fragen, schwang die Peitsche und fuhr aus der Stadt, und alles ward so in der Ordnung befunden und dem guten Schneider aufs Kerbholz gebracht.

Nun musste es sich aber fügen, dass dieser, ein geborener Schlesier, wirklich Strapinski hieß, Wenzel Strapinski, mochte es nun ein Zufall sein, oder mochte der Schneider sein Wanderbuch im Wagen hervorgezogen, es dort vergessen und der Kutscher es zu sich genommen haben. Genug, als der Wirt freudestrahlend und händereibend vor ihn hintrat und fragte, ob der Herr Graf Strapinski zum Nachtisch ein Glas alten Tokaier oder ein Glas Champagner nehme, und ihm meldete, dass die Zimmer soeben zubereitet würden, da erblasste der arme Strapinski, verwirrte sich von Neuem und erwiderte gar nichts.

»Höchst interessant!«, brummte der Wirt für sich, indem er abermals in den Keller eilte und aus besonderem Verschlage nicht nur ein Fläschchen Tokaier, sondern auch ein Krügelchen Bocksbeutel holte und eine Champagnerflasche schlechthin unter den Arm nahm. Bald sah Strapinski einen kleinen Wald von Gläsern vor sich, aus welchem der Champagnerkelch wie eine Pappel emporragte. Das glänzte, klingelte und duftete gar seltsam vor ihm, und was noch seltsa-

Seine Eulenspiegelei Sein Gaukelspiel, seinen mutwilligen Streich

aufs Kerbholz gebracht angekreidet, als Schulden notiert

Schlesier → Seite 65

Wenzel → Seite 65

Wanderbuch → Seite 66

alter Tokaier … Champagner → Seite 66

Bocksbeutel → Seite 66

mer war, der arme, aber zierliche Mann griff nicht ungeschickt in das Wäldchen hinein, und goss, als er sah, dass der Wirt etwas Rotwein in seinen Champagner tat, einige Tropfen Tokaier in den seinigen. Inzwischen war der Stadtschreiber und der Notar gekommen, um den Kaffee zu trinken, und das tägliche Spielchen um denselben zu machen; bald kam auch der ältere Sohn des Hauses Häberlin und Co., der jüngere des Hauses Pütschli-Nievergelt, der Buchhalter einer großen Spinnerei, Herr Melcher Böhni; allein statt ihre Partie zu spielen, gingen sämtliche Herren in weitem Bogen hinter dem polnischen Grafen herum, die Hände in den hintern Rocktaschen, mit den Augen blinzelnd und auf den Stockzähnen lächelnd. Denn es waren diejenigen Mitglieder guter Häuser, welche ihr Leben lang zu Hause blieben, deren Verwandte und Genossen aber in aller Welt saßen, weswegen sie selbst die Welt sattsam zu kennen glaubten.

Also das sollte ein polnischer Graf sein? Den Wagen hatten sie freilich von ihrem Comptoirstuhl aus gesehen; auch wusste man nicht, ob der Wirt den Grafen oder dieser jenen bewirte; doch hatte der Wirt bis jetzt noch keine dummen Streiche gemacht; er war vielmehr als ein ziemlich schlauer Kopf bekannt, und so wurden denn die Kreise, welche die neugierigen Herren um den Fremden zogen, immer kleiner, bis sie sich zuletzt vertraulich an den gleichen Tisch setzten und sich auf gewandte Weise zu dem Gelage aus dem Stegreif einluden, indem sie ohne Weiteres um eine Flasche zu würfeln begannen.

Doch tranken sie nicht zu viel, da es noch früh war; dagegen galt es, einen Schluck trefflichen Kaffee zu nehmen und dem Polacken, wie sie den Schneider bereits heimlich nannten, mit gutem Rauchzeug aufzuwarten, damit er immer mehr röche, wo er eigentlich wäre.

Stadtschreiber → Seite 66

Häberlin → Seite 66

Co. → Seite 66

Pütschli-Nievergelt → Seite 66

der Buchhalter … Melcher Böhni → Seite 66

allein jedoch

Rocktaschen → Seite 66

auf den Stockzähnen lächelnd auf den Backenzähnen (heimlich) lächelnd

Comptoirstuhl Bürostuhl, Schreibtischstuhl (von frz. ›comptoir‹: ›Büro, Kontor‹)

aus dem Stegreif → Seite 67

Polacken Polen → Seite 67

»Darf ich dem Herren Grafen eine ordentliche Zigarre anbieten? Ich habe sie von meinem Bruder auf Kuba direkt bekommen!«, sagte der eine.

»Die Herren Polen lieben auch eine gute Zigarette, hier ist echter Tabak aus Smyrna, mein Kompagnon hat ihn gesandt«, rief der andere, indem er ein rotseidenes Beutelchen hinschob.

»Dieser aus Damaskus ist feiner, Herr Graf«, rief der Dritte, »unser dortiger Prokurist selbst hat ihn für mich besorgt!« Der Vierte streckte einen ungefügen Zigarrenbengel dar, indem er schrie: »Wenn Sie etwas ganz Ausgezeichnetes wollen, so versuchen Sie diese Pflanzerzigarre aus Virginien, selbstgezogen, selbstgemacht, und durchaus nicht käuflich!«

Strapinski lächelte sauersüß, sagte nichts und war bald in feine Duftwolken gehüllt, welche von der hervorbrechenden Sonne lieblich versilbert wurden. Der Himmel entwölkte sich in weniger als einer Viertelstunde, der schönste Herbstnachmittag trat ein; es hieß, der Genuss der günstigen Stunde sei sich zu gönnen, da das Jahr vielleicht nicht viele solcher Tage mehr brächte; und es wurde beschlossen, auszufahren, den fröhlichen Amtsrat auf seinem Gute zu besuchen, der erst vor wenigen Tagen gekeltert hatte, und seinen neuen Wein, den roten Sauser, zu kosten. Pütschli-Nievergelt, Sohn, sandte nach seinem Jagdwagen, und bald schlugen seine jungen Eisenschimmel das Pflaster vor der Waage. Der Wirt selbst ließ ebenfalls anspannen, man lud den Grafen zuvorkommend ein, sich anzuschließen und die Gegend etwas kennenzulernen.

Der Wein hatte seinen Witz erwärmt; er überdachte schnell, dass er bei dieser Gelegenheit am besten sich unbemerkt entfernen und seine Wanderung fortsetzen könne; den Schaden sollten die törichten und zudringlichen Herren an sich selbst behalten. Er nahm daher die Einladung mit

Tabak aus Smyrna → Seite 67

Kompagnon Teilhaber, Partner

Prokurist Bevollmächtigter in Rechtsgeschäften

ungefügen Zigarrenbengel → Seite 67

Pflanzerzigarre aus Virginien → Seite 67

Amtsrat Titel eines höheren Beamten

Gute Gutsbesitz, großen landwirtschaftlichen Betrieb

seinen neuen Wein, den roten Sauser → Seite 67

Jagdwagen → Seite 68

Eisenschimmel eisengrauen Pferde

Witz Geist, seine Verstandeskräfte

einigen höflichen Worten an und bestieg mit dem jungen Pütschli den Jagdwagen.

Nun war es eine weitere Fügung, dass der Schneider, nachdem er auf seinem Dorfe schon als junger Bursch dem Gutsherrn zuweilen Dienste geleistet, seine Militärzeit bei den Husaren abgedient hatte und demnach genugsam mit Pferden umzugehen verstand. Wie daher sein Gefährte höflich fragte, ob er vielleicht fahren möge, ergriff er sofort Zügel und Peitsche und fuhr in schulgerechter Haltung in raschem Trabe durch das Tor und auf der Landstraße dahin, so dass die Herren einander ansahen und flüsterten: »Es ist richtig, es ist jedenfalls ein Herr!«

Husaren → Seite 68

In einer halben Stunde war das Gut des Amtsrates erreicht, Strapinski fuhr in einem prächtigen Halbbogen auf und ließ die feurigen Pferde aufs Beste anprallen; man sprang von den Wagen, der Amtsrat kam herbei und führte die Gesellschaft ins Haus, und alsobald war auch der Tisch mit einem halben Dutzend Karaffen voll karneolfarbigen Sausers besetzt. Das heiße, gärende Getränk wurde vorerst geprüft, belobt, und sodann fröhlich in Angriff genommen, während der Hausherr im Hause die Kunde herumtrug, es sei ein vornehmer Graf da, ein Polacke, und eine feinere Bewirtung vorbereitete.

fuhr in einem prächtigen Halbbogen auf → Seite 68

ließ … anprallen brachte … aus vollem Lauf zum Halten

Karaffen bauchige, nach oben hin verjüngte Glasflaschen mit Verschluss

karneolfarbigen roten (Der Karneol ist ein hell- bis blutroter Schmuckstein aus der Familie der Quarze.)

Mittlerweile teilte sich die Gesellschaft in zwei Partien, um das versäumte Spiel nachzuholen, da in diesem Lande keine Männer zusammen sein konnten, ohne zu spielen, wahrscheinlich aus angeborenem Tätigkeitstriebe. Strapinski, welcher die Teilnahme aus verschiedenen Gründen ablehnen musste, wurde eingeladen zuzusehen, denn das schien ihnen immerhin der Mühe wert, da sie so viel Klugheit und Geistesgegenwart bei den Karten zu entwickeln pflegten. Er musste sich zwischen beide Partien setzen, und sie legten es nun darauf an, geistreich und gewandt zu spielen und den Gast zu gleicher Zeit zu unterhalten. So saß er denn wie ein kränkelnder Fürst, vor welchem die Hofleute ein angenehmes Schauspiel aufführen und den Lauf der Welt darstellen. Sie erklärten ihm die bedeutendsten Wendungen, Handstreiche und Ereignisse, und wenn die eine Partei für einen Augenblick ihre Aufmerksamkeit ausschließlich dem Spiele zuwenden musste, so führte die andere dafür umso angelegentlicher die Unterhaltung mit dem Schneider. Der beste Gegenstand dünkte sie hiefür Pferde, Jagd und dergleichen; Strapinski wusste hier auch am besten Bescheid, denn er brauchte nur die Redensarten hervorzuholen, welche er einst in der Nähe von Offizieren und Gutsherren gehört und die ihm schon dazumal ausnehmend wohl gefallen hatten. Wenn er diese Redensarten auch nur sparsam, mit einer gewissen Bescheidenheit und stets mit einem schwermütigen Lächeln vorbrachte, so erreichte er damit nur eine größere Wirkung; wenn zwei oder drei von den Herren aufstanden und etwa zur Seite traten, so sagten sie: »Es ist ein vollkommener Junker!«

Handstreiche plötzliche Überfälle

angelegentlicher eifriger, nachdrücklicher

dünkte sie erschien ihnen

dazumal damals, in jener weit zurückliegenden Zeit

Junker → Seite 68

Nur Melcher Böhni, der Buchhalter, als ein geborener Zweifler, rieb sich vergnügt die Hände und sagte zu sich selbst: Ich sehe es kommen, dass es wieder einen Goldacher Putsch gibt, ja, er ist gewissermaßen schon da! Es war aber auch Zeit, denn schon sind's zwei Jahre seit dem letzten! Der Mann dort hat mir so wunderlich zerstochene Finger, vielleicht von Praga oder Ostrolenka her! Nun, ich werde mich hüten, den Verlauf zu stören!

Putsch → Seite 68

Praga oder Ostrolenka → Seite 68

Die beiden Partien waren nun zu Ende, auch das Sausergelüste der Herren gebüßt, und sie zogen nun vor, sich an den alten Weinen des Amtsrates ein wenig abzukühlen, die jetzt gebracht wurden; doch war die Abkühlung etwas leidenschaftlicher Natur, indem sofort, um nicht in schnöden Müßiggang zu verfallen, ein allgemeines Hasardspiel vorge-

gebüßt gestillt

Hasardspiel Glücksspiel

schlagen wurde. Man mischte die Karten, jeder warf einen Brabantertaler hin, und als die Reihe an Strapinski war, konnte er nicht wohl seinen Fingerhut auf den Tisch setzen. »Ich habe nicht ein solches Geldstück«, sagte er errötend; aber schon hatte Melcher Böhni, der ihn beobachtet, für ihn eingesetzt, ohne dass jemand darauf achtgab, denn alle waren viel zu behaglich, als dass sie auf den Argwohn geraten wären, jemand in der Welt könne kein Geld haben. Im nächsten Augenblicke wurde dem Schneider, der gewonnen hatte, der ganze Einsatz zugeschoben; verwirrt ließ er das Geld liegen und Böhni besorgte für ihn das zweite Spiel, welches ein anderer gewann, sowie das dritte. Doch das vierte und fünfte gewann wiederum der Polacke, der allmählich aufwachte und sich in die Sache fand. Indem er sich still und ruhig verhielt, spielte er mit abwechselndem Glücke; einmal kam er bis auf einen Taler herunter, den er setzen musste, gewann wieder, und zuletzt, als man das Spiel sattbekam, besaß er einige Louisdors, mehr als er jemals in seinem Leben besessen, welche er, als er sah, dass jedermann sein Geld einsteckte, ebenfalls zu sich nahm, nicht ohne Furcht, dass alles ein Traum sei. Böhni, welcher ihn fortwährend scharf betrachtete, war jetzt im Klaren über ihn und dachte: den Teufel fährt der in einem vierspännigen Wagen!

Weil er aber zugleich bemerkte, dass der rätselhafte Fremde keine Gier nach dem Gelde gezeigt, sich überhaupt bescheiden und nüchtern verhalten hatte, so war er nicht übel gegen ihn gesinnt, sondern beschloss, die Sache durchaus gehen zu lassen.

Aber der Graf Strapinski, als man sich vor dem Abendessen im Freien erging, nahm jetzt seine Gedanken zusammen und hielt den rechten Zeitpunkt einer geräuschlosen Beurlaubung für gekommen. Er hatte ein artiges Reisegeld und

Brabantertaler Silbermünze aus Brabant (im heutigen Holland und Belgien)

Louisdors (frz., wörtlich: ›Ludwig aus Gold‹) 1640 eingeführte französische Goldmünze mit dem Bildnis des Königs Louis XIII.

sich … erging herumspazierte

einer geräuschlosen Beurlaubung eines unauffälligen Abgangs

artiges ansehnliches, hübsches, ordentliches

nahm sich vor, dem Wirt zur Waage von der nächsten Stadt aus sein aufgedrungenes Mittagsmahl zu bezahlen. Also schlug er seinen Radmantel malerisch um, drückte die Pelzmütze tiefer in die Augen und schritt unter einer Reihe von hohen Akazien in der Abendsonne langsam auf und nieder, das schöne Gelände betrachtend, oder vielmehr den Weg erspähend, den er einschlagen wollte. Er nahm sich mit seiner bewölkten Stirne, seinem lieblichen, aber schwermütigen Mundbärtchen, seinen glänzenden schwarzen Locken, seinen dunkeln Augen, im Wehen seines faltigen Mantels vortrefflich aus; der Abendschein und das Säuseln der Bäume über ihm erhöhte den Eindruck, so dass die Gesellschaft ihn von ferne mit Aufmerksamkeit und Wohlwollen betrachtete. Allmählich ging er immer etwas weiter vom Hause hinweg, schritt durch ein Gebüsch, hinter welchem ein Feldweg vorüberging, und als er sich vor den Blicken der Gesellschaft gedeckt sah, wollte er eben mit festem Schritt ins Feld rücken, als um eine Ecke herum plötzlich der Amtsrat mit seiner Tochter Nettchen ihm entgegentrat. Nettchen war ein hübsches Fräulein, äußerst prächtig, etwas stutzerhaft gekleidet und mit Schmuck reichlich verziert.

Akazien → Seite 69

rücken sich fortbewegen

stutzerhaft allzu offensichtlich modisch herausgeputzt

»Wir suchen Sie, Herr Graf!«, rief der Amtsrat, »damit ich Sie erstens hier meinem Kinde vorstelle und zweitens, um Sie zu bitten, dass Sie uns die Ehre erweisen möchten, einen Bissen Abendbrot mit uns zu nehmen; die anderen Herren sind bereits im Hause.«

Der Wanderer nahm schnell seine Mütze vom Kopfe und machte ehrfurchtsvolle, ja furchtsame Verbeugungen, von Rot übergossen. Denn eine neue Wendung war eingetreten, ein Fräulein beschritt den Schauplatz der Ereignisse. Doch schadete ihm seine Blödigkeit und übergroße Ehrerbietung nicht bei der Dame; im Gegenteil, die Schüchternheit, Demut und Ehrerbietung eines so vornehmen und interessanten jungen Edelmanns erschien ihr wahrhaft rührend, ja hinreißend. Da sieht man, fuhr es ihr durch den Sinn, je nobler, desto bescheidener und unverdorbener; merkt es euch, ihr Herren Wildfänge von Goldach, die ihr vor den jungen Mädchen kaum mehr den Hut berührt!

Wildfänge → Seite 69

Ritter hier: ritterlich wirkenden Fremden

Sie grüßte den Ritter daher auf das Holdseligste, indem sie auch lieblich errötete, und sprach sogleich hastig und schnell und vieles mit ihm, wie es die Art behaglicher Kleinstädterinnen ist, die sich den Fremden zeigen wollen. Strapinski hingegen wandelte sich in kurzer Zeit um; während er bisher nichts getan hatte, um im Geringsten in die Rolle einzugehen, die man ihm aufbürdete, begann er nun unwillkürlich, etwas gesuchter zu sprechen und mischte allerhand polnische Brocken in die Rede, kurz, das Schneiderblütchen fing in der Nähe des Frauenzimmers an seine Sprünge zu machen und seinen Reiter davonzutragen.

in die Rolle einzugehen der Rolle zu entsprechen

Schneiderblütchen in Wallung geratene Blut des Schneiderleins

Frauenzimmer seinerzeit übliche Bezeichnung für ›Frau‹

Am Tisch erhielt er den Ehrenplatz neben der Tochter des Hauses; denn die Mutter war gestorben. Er wurde zwar bald wieder melancholisch, da er bedachte, nun müsse er mit den andern wieder in die Stadt zurückkehren oder gewaltsam in die Nacht hinaus entrinnen, und da er ferner überlegte, wie vergänglich das Glück sei, welches er jetzt genoss. Aber dennoch empfand er dies Glück und sagte sich zum Voraus: Ach, einmal wirst du doch in deinem Leben etwas vorgestellt und neben einem solchen höheren Wesen gesessen haben.

etwas vorgestellt eine eindrucksvolle Erscheinung gewesen; Eindruck gemacht

Es war in der Tat keine Kleinigkeit, eine Hand neben sich glänzen zu sehen, die von drei oder vier Armbändern klirrte, und bei einem flüchtigen Seitenblick jedes Mal einen abenteuerlich reizend frisierten Kopf, ein holdes Erröten, einen vollen Augenaufschlag zu sehen. Denn er mochte tun oder lassen, was er wollte, alles wurde als ungewöhnlich und nobel ausgelegt und die Ungeschicklichkeit selbst als merkwürdige Unbefangenheit liebenswürdig befunden von der jungen Dame, welche sonst stundenlang über gesellschaftliche Verstöße zu plaudern wusste. Da man guter Dinge war, sangen ein paar Gäste Lieder, die in den dreißiger Jahren Mode waren. Der Graf wurde gebeten, ein polnisches Lied zu singen. Der Wein überwand seine Schüchternheit endlich, obschon nicht seine Sorgen; er hatte einst einige Wochen im Polnischen gearbeitet und wusste einige polnische Worte, sogar ein Volksliedchen auswendig, ohne ihres Inhaltes bewusst zu sein, gleich einem Papagei. Also sang er mit edlem Wesen, mehr zaghaft als laut und mit einer Stimme, welche wie von einem geheimen Kummer leise zitterte, auf Polnisch:

im Polnischen auf polnischem Gebiet, in Polen

Hunderttausend Schweine pferchen
Von der Desna bis zur Weichsel,
Und Kathinka, dieses Saumensch,
Geht im Schmutz bis an die Knöchel!

Hunderttausend Ochsen brüllen
Auf Wolhyniens grünen Weiden,
Und Kathinka, ja Kathinka,
Glaubt, ich sei in sie verliebt!

pferchen drängen sich, sind eingesperrt

Desna … Weichsel → Seite 69

dieses Saumensch → Seite 69

Wolhyniens → Seite 69

»Bravo! Bravo!«, riefen alle Herren, mit den Händen klatschend, und Nettchen sagte gerührt: »Ach das Nationale ist immer so schön!« Glücklicherweise verlangte niemand die Übersetzung dieses Gesanges.

Mit dem Überschreiten solchen Höhepunktes der Unterhaltung brach die Gesellschaft auf; der Schneider wurde wieder eingepackt und sorgfältig nach Goldach zurückgebracht; vorher hatte er versprechen müssen, nicht ohne Abschied davonzureisen. Im Gasthof zur Waage wurde noch ein Glas Punsch genommen; jedoch Strapinski war erschöpft

Punsch meist heißes alkoholisches Getränk aus Rum oder Arrak, Zucker, Zitrone, Wasser, Tee oder Rotwein und Gewürzen

und verlangte nach dem Bette. Der Wirt selbst führte ihn auf seine Zimmer, deren Stattlichkeit er kaum mehr beachtete, obgleich er nur gewohnt war, in dürftigen Herbergskammern zu schlafen. Er stand ohne alle und jede Habseligkeit mitten auf einem schönen Teppich, als der Wirt plötzlich den Mangel an Gepäck entdeckte und sich vor die Stirne schlug. Dann lief er schnell hinaus, schellte, rief Kellner und Hausknechte herbei, wortwechselte mit ihnen, kam wieder und beteuerte: »Es ist richtig, Herr Graf, man hat vergessen, Ihr Gepäck abzuladen! Auch das Notwendigste fehlt!«

wortwechselte hielt einen Wortwechsel, sprach

»Auch das kleine Paketchen, das im Wagen lag?«, fragte Strapinski ängstlich, weil er an ein handgroßes Bündelein dachte, welches er auf dem Sitze hatte liegen lassen und das ein Schnupftuch, eine Haarbürste, einen Kamm, ein Büchschen Pomade und einen Stengel Bartwichse enthielt.

Pomade fetthaltige, salbenartige Substanz zur Haarpflege

Bartwichse Bartpomade

»Auch dieses fehlt, es ist gar nichts da«, sagte der gute Wirt erschrocken, weil er darunter etwas sehr Wichtiges vermutete. »Man muss dem Kutscher sogleich einen Expressen nachschicken«, rief er eifrig, »ich werde das besorgen!«

Expressen Eilboten

Doch der Herr Graf fiel ihm ebenso erschrocken in den Arm und sagte bewegt: »Lassen Sie, es darf nicht sein! Man muss meine Spur verlieren für einige Zeit«, setzte er hinzu, selbst betreten über diese Erfindung.

Der Wirt ging erstaunt zu den Punsch trinkenden Gästen, erzählte ihnen den Fall und schloss mit dem Ausspruche, dass der Graf unzweifelhaft ein Opfer politischer oder der Familienverfolgung sein müsse; denn um eben diese Zeit wurden viele Polen und andere Flüchtlinge wegen gewaltsamer Unternehmungen des Landes verwiesen; andere wurden von fremden Agenten beobachtet und umgarnt.

ein Opfer politischer oder der Familienverfolgung → Seite 70

Agenten geheimen Ermittlern im Dienste auswärtiger Mächte

Strapinski aber tat einen guten Schlaf, und als er spät erwachte, sah er zunächst den prächtigen Sonntagsschlafrock des Waagwirtes über einen Stuhl gehängt, ferner ein Tischchen mit allem möglichen Toilettenwerkzeug bedeckt. Sodann harrten eine Anzahl Dienstboten, um Körbe und Koffer, angefüllt mit feiner Wäsche, mit Kleidern, mit Zigarren, mit Büchern, mit Stiefeln, mit Schuhen, mit Sporen, mit Reitpeitschen, mit Pelzen, mit Mützen, mit Hüten, mit Socken, mit Strümpfen, mit Pfeifen, mit Flöten und Geigen abzugeben vonseiten der gestrigen Freunde, mit der angelegentlichen Bitte, sich dieser Bequemlichkeiten einstweilen bedienen zu wollen. Da sie die Vormittagsstunden unabänderlich in ihren Geschäften verbrachten, ließen sie ihre Besuche auf die Zeit nach Tisch ansagen.

angelegentlichen vgl. Seite 17

Diese Leute waren nichts weniger, als lächerlich oder einfältig, sondern umsichtige Geschäftsmänner, mehr schlau als vernagelt; allein da ihre wohlbesorgte Stadt klein war und es ihnen manchmal langweilig darin vorkam, waren sie stets begierig auf eine Abwechslung, ein Ereignis, einen Vorgang, dem sie sich ohne Rückhalt hingaben. Der vierspännige Wagen, das Aussteigen des Fremden, sein Mittagessen, die Aussage des Kutschers waren so einfache und natürliche Dinge, dass die Goldacher, welche keinem müßigen Argwohn nachzuhängen pflegten, ein Ereignis darauf aufbauten, wie auf einen Felsen.

nichts weniger, als keineswegs

wohlbesorgte in guter Ordnung gehaltene

Als Strapinski das Warenlager sah, das sich vor ihm ausbreitete, war seine erste Bewegung, dass er in seine Tasche griff, um zu erfahren, ob er träume oder wache. Wenn sein Fingerhut dort noch in seiner Einsamkeit weilte, so träumte er. Aber nein, der Fingerhut wohnte traulich zwischen dem gewonnenen Spielgelde und scheuerte sich freundschaftlich an den Talern; so ergab sich auch sein Gebieter wiederum in das Ding und stieg von seinen Zimmern herunter auf die Straße, um sich die Stadt zu besehen, in welcher es ihm so wohl erging. Unter der Küchentüre stand die Köchin, welche ihm einen tiefen Knicks machte und ihm mit neuem Wohl-

Hausgeister ›dienstbare Geister‹ des Hauses, Bedienstete

Schultheiße Orts- bzw. Gemeindevorsteher

Da hieß es: → Seite 70

Harnisch (Ritter-)Rüstung

Kämbel (mittelhochdeutsch) Kamel

u. dgl. und dergleichen

Philanthropie (griech.) Menschenliebe

Garn haspelte → Seite 70

Böttcher → Seite 70

gefallen nachsah; auf dem Flur und an der Haustüre standen andere Hausgeister, alle mit der Mütze in der Hand, und Strapinski schritt mit gutem Anstand und doch bescheiden heraus, seinen Mantel sittsam zusammennehmend. Das Schicksal machte ihn mit jeder Minute größer.

Mit ganz anderer Miene besah er sich die Stadt, als wenn er um Arbeit darin ausgegangen wäre. Dieselbe bestand größtenteils aus schönen, festgebauten Häusern, welche alle mit steinernen oder gemalten Sinnbildern geziert und mit einem Namen versehen waren. In diesen Benennungen war die Sitte der Jahrhunderte deutlich zu erkennen. Das Mittelalter spiegelte sich ab in den ältesten Häusern oder in den Neubauten, welche an deren Stelle getreten, aber den alten Namen behalten aus der Zeit der kriegerischen Schultheiße und der Märchen. Da hieß es: zum Schwert, zum Eisenhut, zum Harnisch, zur Armbrust, zum blauen Schild, zum Schweizerdegen, zum Ritter, zum Büchsenstein, zum Türken, zum Meerwunder, zum goldenen Drachen, zur Linde, zum Pilgerstab, zur Wasserfrau, zum Paradiesvogel, zum Granatbaum, zum Kämbel, zum Einhorn u. dgl. Die Zeit der Aufklärung und der Philanthropie war deutlich zu lesen in den moralischen Begriffen, welche in schönen Goldbuchstaben über den Haustüren erglänzten, wie: zur Eintracht, zur Redlichkeit, zur alten Unabhängigkeit, zur neuen Unabhängigkeit, zur Bürgertugend a, zur Bürgertugend b, zum Vertrauen, zur Liebe, zur Hoffnung, zum Wiedersehen 1 und 2, zum Frohsinn, zur inneren Rechtlichkeit, zur äußeren Rechtlichkeit, zum Landeswohl (ein reinliches Häuschen, in welchem hinter einem Kanarienkäficht, ganz mit Kresse behängt, eine freundliche alte Frau saß mit einer weißen Zipfelhaube und Garn haspelte), zur Verfassung (unten hauste ein Böttcher, welcher eifrig und mit großem Geräusch kleine Eimer und Fässchen mit Reifen einfasste und unablässig klopfte); ein Haus hieß schauerlich: zum Tod! ein verwaschenes Gerippe erstreckte sich von unten bis oben zwischen den Fenstern; hier wohnte der Friedensrichter. Im Hause zur Geduld wohnte der Schuldenschreiber, ein ausgehungertes Jammerbild, da in dieser Stadt keiner dem anderen etwas schuldig blieb.

Endlich verkündete sich an den neuesten Häusern die Poesie der Fabrikanten, Bankiere und Spediteure und ihrer Nachahmer in den wohlklingenden Namen Rosenthal, Morgenthal, Sonnenberg, Veilchenburg, Jugendgarten, Freudenberg, Henriettenthal, zur Camelia, Wilhelminenburg u. s. w. Die an Frauennamen gehängten Täler und Burgen bedeuteten für den Kundigen immer ein schönes Weibergut.

An jeder Straßenecke stand ein alter Turm mit reichem Uhrwerk, buntem Dach und zierlich vergoldeter Windfahne. Diese Türme waren sorgfältig erhalten; denn die Goldacher erfreuten sich der Vergangenheit und der Gegenwart und taten auch recht daran. Die ganze Herrlichkeit war aber von der alten Ringmauer eingefasst, welche, obwohl nichts mehr nütze, dennoch zum Schmucke beibehalten wurde, da sie ganz mit dichtem altem Efeu überwachsen war und so die kleine Stadt mit einem immergrünen Kranze umschloss.

Alles dieses machte einen wunderbaren Eindruck auf Strapinski; er glaubte sich in einer anderen Welt zu befinden. Denn als er die Aufschriften der Häuser las, dergleichen er noch nicht gesehen, war er der Meinung, sie bezögen sich auf die besonderen Geheimnisse und Lebensweisen jedes Hauses und es sehe hinter jeder Haustüre wirklich so aus, wie die Überschrift angab, so dass er in eine Art moralisches Utopien hineingeraten wäre. So war er geneigt zu glauben, die wunderliche Aufnahme, welche er gefunden, hänge hiemit im Zusammenhang, so dass z. B. das Sinnbild der Waage,

Friedensrichter öffentlich bestellter Schlichter, Schiedsmann

Schuldenschreiber → Seite 70

Spediteure Fuhrunternehmer, Transportunternehmer

zur Camelia → Seite 70

ein schönes Weibergut → Seite 61

Utopien vorgestellter Ort, der einen Idealzustand repräsentiert

in welcher er wohnte, bedeute, dass dort das ungleiche Schicksal abgewogen und ausgeglichen und zuweilen ein reisender Schneider zum Grafen gemacht würde.

Er geriet auf seiner Wanderung auch vor das Tor, und wie er nun so über das freie Feld hinblickte, meldete sich zum letzten Male der pflichtgemäße Gedanke, seinen Weg unverweilt fortzusetzen. Die Sonne schien, die Straße war schön, fest, nicht zu trocken und auch nicht zu nass, zum Wandern wie gemacht. Reisegeld hatte er nun auch, so dass er angenehm einkehren konnte, wo er Lust dazu verspürte, und kein Hindernis war zu erspähen.

gleich dem Jüngling am Scheidewege → Seite 71

Kreuzstraße → Seite 71

Da stand er nun, gleich dem Jüngling am Scheidewege, auf einer wirklichen Kreuzstraße; aus dem Lindenkranze, welcher die Stadt umgab, stiegen gastliche Rauchsäulen, die goldenen Turmknöpfe funkelten lockend aus den Baumwipfeln; Glück, Genuss und Verschuldung, ein geheimnisvolles Schicksal winkten dort; von der Feldseite her aber glänzte die freie Ferne; Arbeit, Entbehrung, Armut, Dunkelheit harrten dort, aber auch ein gutes Gewissen und ein ruhiger Wandel; dieses fühlend, wollte er denn auch entschlossen ins Feld abschwenken. Im gleichen Augenblicke rollte ein rasches Fuhrwerk heran; es war das Fräulein von gestern, welches mit wehendem blauem Schleier ganz allein in einem schmucken leichten Fuhrwerke saß, ein schönes Pferd regierte und nach der Stadt fuhr. Sobald Strapinski nur an seine Mütze griff und dieselbe demütig vor seine Brust nahm in seiner Überraschung, verbeugte sich das Mädchen rasch errötend gegen ihn, aber überaus freundlich, und fuhr in großer Bewegung, das Pferd zum Galopp antreibend, davon.

regierte dirigierte, lenkte

nach der in die

Strapinski aber machte unwillkürlich ganze Wendung und kehrte getrost nach der Stadt zurück. Noch an demselben Tage galoppierte er auf dem besten Pferde der Stadt, an der Spitze einer ganzen Reitergesellschaft, durch die Allee, welche um die grüne Ringmauer führte, und die fallenden Blätter der Linden tanzten wie ein goldener Regen um sein verklärtes Haupt.

verklärtes beseligtes, beglücktes

Nun war der Geist in ihn gefahren. Mit jedem Tage wandelte er sich, gleich einem Regenbogen, der zusehends bunter wird an der vorbrechenden Sonne. Er lernte in Stunden, in Augenblicken, was andere nicht in Jahren, da es in ihm gesteckt hatte, wie das Farbenwesen im Regentropfen. Er beachtete wohl die Sitten seiner Gastfreunde und bildete sie während des Beobachtens zu einem Neuen und Fremdartigen um; besonders suchte er abzulauschen, was sie sich eigentlich unter ihm dächten und was für ein Bild sie sich von ihm gemacht. Dies Bild arbeitete er weiter aus nach seinem eigenen Geschmacke, zur vergnüglichen Unterhaltung der einen, welche gern etwas Neues sehen wollten, und zur Bewunderung der anderen, besonders der Frauen, welche nach erbaulicher Anregung dürsteten. So ward er rasch zum Helden eines artigen Romanes, an welchem er gemeinsam mit der Stadt und liebevoll arbeitete, dessen Hauptbestandteil aber immer noch das Geheimnis war.

Nun war der Geist in ihn gefahren. → Seite 71

artigen vgl. Seite 18

Romanes → Seite 71

Bei alldem verlebte Strapinski, was er in seiner Dunkelheit früher nie gekannt, eine schlaflose Nacht um die andere, und es ist mit Tadel hervorzuheben, dass es ebenso viel die Furcht vor der Schande, als armer Schneider entdeckt zu werden und dazustehen, als das ehrliche Gewissen war, was ihm den Schlaf raubte. Sein angeborenes Bedürfnis, etwas Zierliches und Außergewöhnliches vorzustellen, wenn auch nur in der Wahl der Kleider, hatte ihn in diesen Konflikt geführt und brachte jetzt auch jene Furcht hervor, und sein Gewissen war nur insoweit mächtig, dass er beständig den Vorsatz nährte, bei guter Gelegenheit einen Grund zur Abreise zu finden und dann durch Lotteriespiel und dergleichen die Mittel zu gewinnen, aus geheimnisvoller Ferne zu vergüten, um was er die gastfreundlichen Goldacher gebracht hatte. Er ließ sich auch schon aus allen Städten, wo es Lotterien oder Agenten derselben gab, Lose kommen mit mehr oder weniger bescheidenem Einsatze, und die daraus entstehende Korrespondenz, der Empfang der Briefe wurde wiederum als ein Zeichen wichtiger Beziehungen und Verhältnisse vermerkt.

Schon hatte er mehr als ein Mal ein paar Gulden gewonnen und dieselben sofort wieder zum Erwerb neuer Lose verwendet, als er eines Tages von einem fremden Kollekteur, der sich aber Bankier nannte, eine namhafte Summe empfing, welche hinreichte, jenen Rettungsgedanken auszuführen. Er war bereits nicht mehr erstaunt über sein Glück, das sich von selbst zu verstehen schien, fühlte sich aber doch erleichtert und besonders dem guten Waagwirt gegenüber beruhigt, welchen er seines guten Essens wegen sehr wohl leiden mochte. Anstatt aber kurz abzubinden, seine Schulden gradaus zu bezahlen und abzureisen, gedachte er, wie er sich vorgenommen, eine kurze Geschäftsreise vorzugeben, dann aber von irgendeiner großen Stadt aus zu melden, dass das unerbittliche Schicksal ihm verbiete, je wiederzukehren; dabei wolle er seinen Verbindlichkeiten nachkommen, ein gutes Andenken hinterlassen und seinem Schneiderberufe sich aufs Neue und mit mehr Umsicht und Glück widmen, oder auch sonst einen anständigen Lebensweg erspähen. Am liebsten wäre er freilich auch als Schneidermeister in Goldach geblieben und hätte jetzt die Mittel gehabt, sich da ein bescheidenes Auskommen zu begründen; allein es war klar, dass er hier nur als Graf leben konnte.

Wegen des sichtlichen Vorzuges und Wohlgefallens, dessen er sich bei jeder Gelegenheit von Seite des schönen Nettchens zu erfreuen hatte, waren schon manche Redensarten im Umlauf und er hatte sogar bemerkt, dass das Fräulein hin

Agenten hier: Vertreter, Bevollmächtigte

Korrespondenz Briefwechsel, Schriftverkehr

Gulden → Seite 71

Kollekteur (frz.: ›Einsammler‹) Agenten des Lotterieunternehmens

kurz abzubinden kurzen Prozess zu machen, die Sache kurz abzutun

und wieder die Gräfin genannt wurde. Wie konnte er diesem Wesen nun eine solche Entwicklung bereiten? Wie konnte er das Schicksal, das ihn gewaltsam so erhöht hatte, so frevelhaft Lügen strafen und sich selbst beschämen?

Er hatte von seinem Lotteriemann, genannt Bankier, einen Wechsel bekommen, welchen er bei einem Goldacher Haus einkassierte; diese Verrichtung bestärkte abermals die günstigen Meinungen über seine Person und Verhältnisse, da die soliden Handelsleute nicht im Entferntesten an einen Lotterieverkehr dachten. An demselben Tage nun begab sich Strapinski auf einen stattlichen Ball, zu dem er geladen war. In tiefes, einfaches Schwarz gekleidet erschien er und verkündete sogleich den ihn Begrüßenden, dass er genötigt sei, zu verreisen.

Wechsel → Seite 71

Haus Bankhaus

Lotterieverkehr Kontakt mit Lotterieunternehmen

In zehn Minuten war die Nachricht der ganzen Versammlung bekannt und Nettchen, deren Anblick Strapinski suchte, schien, wie erstarrt, seinen Blicken auszuweichen, bald rot, bald blass werdend. Dann tanzte sie mehrmals hintereinander mit jungen Herren, setzte sich zerstreut und schnell atmend und schlug eine Einladung des Polen, der endlich herangetreten war, mit einer kurzen Verbeugung aus, ohne ihn anzusehen.

Einladung Aufforderung zum Tanz

Seltsam aufgeregt und bekümmert ging er hinweg, nahm seinen famosen Mantel um und schritt mit wehenden Locken in einem Gartenwege auf und nieder. Es wurde ihm nun klar, dass er eigentlich, nur dieses Wesens halber so lange dageblieben sei, dass die unbestimmte Hoffnung, doch wieder in ihre Nähe zu kommen, ihn unbewusst belebte, dass aber der ganze Handel eben eine Unmöglichkeit darstelle von der verzweifeltsten Art.

Handel Angelegenheit

Wie er so dahinschritt, hörte er rasche Tritte hinter sich, leichte, doch unruhig bewegte. Nettchen ging an ihm vorüber und schien, nach einigen ausgerufenen Worten zu urteilen, nach ihrem Wagen zu suchen, obgleich derselbe auf der andern Seite des Hauses stand und hier nur Winterkohlköpfe und eingewickelte Rosenbäumchen den Schlaf der Gerechten verträumten. Dann kam sie wieder zurück und da er jetzt mit klopfendem Herzen ihr im Wege stand und bittend die Hände nach ihr ausstreckte, fiel sie ihm ohne Weiteres um den Hals und fing jämmerlich an zu weinen. Er bedeckte ihre glühenden Wangen mit seinen fein duftenden dunklen Locken und sein Mantel umschlug die schlanke, stolze, schneeweiße Gestalt des Mädchens wie mit schwarzen Adlersflügeln; es war ein wahrhaft schönes Bild, das seine Berechtigung ganz allein in sich selbst zu tragen schien.

Strapinski aber verlor in diesem Abenteuer seinen Verstand und gewann das Glück, das öfter den Unverständigen hold ist. Nettchen eröffnete ihrem Vater noch in selbiger Nacht beim Nachhausefahren, dass kein anderer, als der Graf der Ihrige sein werde; dieser erschien am Morgen in aller Frühe, um bei dem Vater liebenswürdig schüchtern und melancholisch, wie immer, um sie zu werben, und der Vater hielt folgende Rede:

einen großen Pianisten → Seite 71

»So hat sich denn das Schicksal und der Wille dieses törichten Mädchens erfüllt! Schon als Schulkind behauptete sie fortwährend nur einen Italiener oder einen Polen, einen großen Pianisten oder einen Räuberhauptmann mit schönen Locken heiraten zu wollen, und nun haben wir die Bescherung! Alle inländischen wohlmeinenden Anträge hat sie ausgeschlagen, noch neulich musste ich den gescheiten und tüchtigen Melchior Böhni heimschicken, der noch große Geschäfte machen wird, und sie hat ihn noch schrecklich verhöhnt, weil er nur ein rötliches Backenbärtchen trägt und aus einem silbernen Döschen schnupft! Nun, Gott sei Dank, ist ein polnischer Graf da aus wildester Ferne! Nehmen Sie die Gans, Herr Graf, und schicken Sie mir dieselbe wieder,

aus einem silbernen Döschen schnupft → Seite 72

wenn sie in Ihrer Polackei friert und einst unglücklich wird und heult! Ach, was würde die selige Mutter für ein Entzücken genießen, wenn sie noch erlebt hätte, dass das verzogene Kind eine Gräfin geworden ist!«

Polackei vgl. Seite 67 (›Polacken‹)

Nun gab es große Bewegung; in wenig Tagen sollte rasch die Verlobung gefeiert werden, denn der Amtsrat behauptete, dass der künftige Schwiegersohn sich in seinen Geschäften und vorhabenden Reisen nicht durch Heiratssachen dürfe aufhalten lassen, sondern diese durch die Beförderung jener beschleunigen müsse.

Strapinski brachte zur Verlobung Brautgeschenke, welche ihn die Hälfte seines zeitlichen Vermögens kosteten; die andere Hälfte verwandte er zu einem Feste, das er seiner Braut geben wollte. Es war eben Fastnachtszeit und bei hellem Himmel ein verspätetes glänzendes Winterwetter. Die Landstraßen boten die prächtigste Schlittenbahn, wie sie nur selten entsteht und sich hält, und Herr von Strapinski veranstaltete darum eine Schlittenfahrt und einen Ball in dem für solche Feste beliebten stattlichen Gasthause, welches auf einer Hochebene mit der schönsten Aussicht gelegen war, etwa zwei gute Stunden entfernt und genau in der Mitte zwischen Goldach und Seldwyla.

zeitlichen (oberdeutsch) gegenwärtigen

Um diese Zeit geschah es, dass Herr Melchior Böhni in der letzteren Stadt Geschäfte zu besorgen hatte und daher einige Tage vor dem Winterfest in einem leichten Schlitten dahin fuhr, seine beste Zigarre rauchend; und es geschah ferner, dass die Seldwyler auf den gleichen Tag, wie die Goldacher, auch eine Schlittenfahrt verabredeten, nach dem gleichen Orte, und zwar eine kostümierte oder Maskenfahrt.

Um diese Zeit geschah es → Seite 72

So fuhr denn der Goldacher Schlittenzug gegen die Mittagsstunde unter Schellenklang, Posthorntönen und Peitschenknall durch die Straßen der Stadt, dass die Sinnbilder der alten Häuser erstaunt herniedersahen, und zum Tore hinaus. Im ersten Schlitten saß Strapinski mit seiner Braut, in einem polnischen Überrock von grünem Sammet, mit Schnüren besetzt und schwer mit Pelz verbrämt und gefüttert. Nettchen war ganz in weißes Pelzwerk gehüllt; blaue Schleier schützten ihr Gesicht gegen die frische Luft und gegen den Schneeglanz. Der Amtsrat war durch irgendein plötzliches Ereignis verhindert worden, mitzufahren; doch war es sein Gespann und sein Schlitten, in welchem sie fuhren, ein vergoldetes Frauenbild als Schlittenzierat vor sich, die Fortuna vorstellend; denn die Stadtwohnung des Amtsrates hieß zur Fortuna.

Ihnen folgten fünfzehn bis sechszehn Gefährte mit je einem Herren und einer Dame, alle geputzt und lebensfroh, aber keines der Paare so schön und stattlich, wie das Brautpaar. Die Schlitten trugen, wie die Meerschiffe ihre Galions, immer das Sinnbild des Hauses, dem jeder angehörte, so dass das Volk rief: »Seht, da kommt die Tapferkeit! Wie schön ist die Tüchtigkeit! Die Verbesserlichkeit scheint neu lackiert zu sein und die Sparsamkeit frisch vergoldet! Ah, der Jakobsbrunnen und der Teich Bethesda!« Im Teiche Bethesda, welcher als bescheidener Einspänner den Zug schloss, kutschierte Melchior Böhni still und vergnügt. Als Galion seines Fahrzeugs hatte er das Bild jenes jüdischen Männchens vor sich, welcher an besagtem Teiche dreißig Jahre auf sein Heil gewartet. So segelte denn das Geschwader im Sonnenscheine dahin und erschien bald auf der weithin schimmernden Höhe, dem Ziele sich nahend. Da ertönte gleichzeitig von der entgegengesetzten Seite lustige Musik.

Aus einem duftig bereiften Walde heraus brach ein Wirrwarr von bunten Farben und Gestalten und entwickelte sich zu einem Schlittenzug, welcher hoch am weißen Feldrande sich auf den blauen Himmel zeichnete und ebenfalls nach

Fortuna Name der Göttin des Schicksals in der römischen Mythologie

vorstellend darstellend

Galions Galionsfiguren; geschnitzte Figur am Bug eines Schiffes, meist in Gestalt einer Frau

der Jakobsbrunnen → Seite 72

der Teich Bethesda → Seite 72

bescheidener Einspänner kleine, nur von einem Pferd gezogene Kutsche

Geschwader eigentlich: größerer Verband von (Kriegs-) Schiffen

der Mitte der Gegend hinglitt, von abenteuerlichem Anblick. Es schienen meistens große bäuerliche Lastschlitten zu sein, je zwei zusammengebunden, um absonderlichen Gebilden und Schaustellungen zur Unterlage zu dienen. Auf dem vordersten Fuhrwerke ragte eine kolossale Figur empor, die Göttin Fortuna vorstellend, welche in den Äther hinauszufliegen schien. Es war eine riesenhafte Strohpuppe voll schimmernden Flittergoldes, deren Gazegewänder in der Luft flatterten. Auf dem zweiten Gefährte aber fuhr ein ebenso riesenmäßiger Ziegenbock einher, schwarz und düster abstechend und mit gesenkten Hörnern der Fortuna nachjagend. Hierauf folgte ein seltsames Gerüste, welches sich als ein fünfzehn Schuh hohes Bügeleisen darstellte, dann eine gewaltig schnappende Schere, welche mittelst einer Schnur auf- und zugeklappt wurde und das Himmelszelt für einen blauseidenen Westenstoff anzusehen schien. Andere solche landläufige Anspielungen auf das Schneiderwesen folgten noch und zu Füßen aller dieser Gebilde saß auf den geräumigen, je von vier Pferden gezogenen Schlitten die Seldwyler Gesellschaft in buntester Tracht, mit lautem Gelächter und Gesang.

Äther Weite des Himmels

Flittergoldes → Seite 73

Gazegewänder → Seite 73

fünfzehn Schuh Ein Fuß oder auch Schuh ist ein altes Längenmaß (dessen Wert historisch und regional zwischen 28 und 33 cm schwankt).

Als beide Züge gleichzeitig auf dem Platze vor dem Gasthause auffuhren, gab es demnach einen geräuschvollen Auftritt und ein großes Gedränge von Menschen und Pferden. Die Herrschaften von Goldach waren überrascht und erstaunt über die abenteuerliche Begegnung; die Seldwyler dagegen stellten sich vorerst gemütlich und freundschaftlich bescheiden. Ihr vorderster Schlitten mit der Fortuna trug die Inschrift »Leute machen Kleider« und so ergab es sich denn, dass die ganze Gesellschaft lauter Schneidersleute von allen Nationen und aus allen Zeitaltern darstellte. Es war gewissermaßen ein historisch-ethnographischer Schneiderfestzug, welcher mit der umgekehrten und ergänzenden In-

historisch-ethnographischer (griech.) geschichtlich-völkerkundlicher

schrift abschloss: »Kleider machen Leute!« In dem letzten Schlitten mit dieser Überschrift saßen nämlich, als das Werk der vorausgefahrenen heidnischen und christlichen Nahtbeflissenen aller Art, ehrwürdige Kaiser und Könige, Ratsherren und Stabsoffiziere, Prälaten und Stiftsdamen in höchster Gravität.

Stabsoffiziere zur militärischen Führung gehörende Offiziere

Prälaten und Stiftsdamen hohe geistliche Würdenträger und adlige Klosterdamen

Gravität Würde, Gemessenheit

Diese Schneiderwelt wusste sich gewandt aus dem Wirrwarr zu ordnen und ließ die Goldacher Herren und Damen, das Brautpaar an deren Spitze, bescheiden ins Haus spazieren, um nachher die unteren Räume desselben, welche für sie bestellt waren, zu besetzen, während jene die breite Treppe empor nach dem großen Festsaale rauschten. Die Gesellschaft des Herren Grafen fand dies Benehmen schicklich und ihre Überraschung verwandelte sich in Heiterkeit und beifälliges Lächeln über die unverwüstliche Laune der Seldwyler; nur der Graf selbst hegte gar dunkle Empfindungen, die ihm nicht behagten, obgleich er in der jetzigen Voreingenommenheit seiner Seele keinen bestimmten Argwohn verspürte und nicht einmal bemerkt hatte, woher die Leute gekommen waren. Melchior Böhni der seinen Teich Bethesda sorglich beiseitegebracht hatte und sich aufmerksam in der Nähe Strapinskis befand, nannte laut, dass dieser es hören konnte, eine ganz andere Ortschaft als den Ursprungsort des Maskenzuges.

Bald saßen beide Gesellschaften, jegliche auf ihrem Stockwerke, an den gedeckten Tafeln und gaben sich fröhlichen Gesprächen und Scherzreden hin, in Erwartung weiterer Freuden.

Die kündigten sich denn auch für die Goldacher an, als sie paarweise in den Tanzsaal hinüberschritten und dort die Musiker schon ihre Geigen stimmten. Wie nun aber alles im Kreise stand und sich zum Reihen ordnen wollte, erschien eine Gesandtschaft der Seldwyler, welche das freundnach-

Reihen (Tanz-)Reigen

barliche Gesuch und Anerbieten vortrug, den Herren und Frauen von Goldach einen Besuch abstatten zu dürfen und ihnen zum Ergötzen einen Schautanz aufzuführen. Dieses Anerbieten konnte nicht wohl zurückgewiesen werden; auch versprach man sich von den lustigen Seldwylern einen tüchtigen Spaß und setzte sich daher nach der Anordnung der besagten Gesandtschaft in einem großen Halbring, in dessen Mitte Strapinski und Nettchen glänzten gleich fürstlichen Sternen.

Nun traten allmählich jene besagten Schneidergruppen nacheinander ein. Jede führte in zierlichem Gebärdenspiel den Satz »Leute machen Kleider« und dessen Umkehrung durch, indem sie erst mit Emsigkeit irgendein stattliches Kleidungsstück, einen Fürstenmantel, Priestertalar u. dergl. anzufertigen schien und sodann eine dürftige Person damit bekleidete, welche urplötzlich umgewandelt sich in höchstem Ansehen aufrichtete und nach dem Takte der Musik feierlich einherging. Auch die Tierfabel wurde in diesem Sinne in Szene gesetzt, da eine gewaltige Krähe erschien, die sich mit Pfauenfedern schmückte und quakend umherhüpfte, ein Wolf, der sich einen Schafspelz zurechtschneiderte, schließlich ein Esel, der eine furchtbare Löwenhaut von Werg trug und sich heroisch damit drapierte, wie mit einem Carbonarimantel.

Alle die so erschienen traten nach vollbrachter Darstellung zurück und machten allmählich so den Halbkreis der Goldacher zu einem weiten Ring von Zuschauern, dessen innerer Raum endlich leer ward. In diesem Augenblicke ging die Musik in eine wehmütig ernste Weise über und zugleich beschritt eine letzte Erscheinung den Kreis, dessen Augen sämtlich auf sie gerichtet waren. Es war ein schlanker junger Mann in dunklem Mantel, dunkeln schönen Haaren und mit einer polnischen Mütze; es war niemand anders als der

Priestertalar Amtstracht (langes weites Obergewand) eines Priesters

Werg bei der Verarbeitung von Hanf oder Flachs abfallende Fasern, die als Polster- oder Dichtungsmaterial dienten

Carbonarimantel → Seite 73

Graf Strapinski, wie er an jenem Novembertag auf der Straße gewandert und den verhängnisvollen Wagen bestiegen hatte.

Die ganze Versammlung blickte lautlos gespannt auf die Gestalt, welche feierlich schwermütig einige Gänge nach dem Takte der Musik umhertrat, dann in die Mitte des Ringes sich begab, den Mantel auf den Boden breitete, sich schneidermäßig darauf niedersetzte und anfing ein Bündel auszupacken. Er zog einen beinahe fertigen Grafenrock hervor, ganz wie ihn Strapinski in diesem Augenblicke trug, nähete mit großer Hast und Geschicklichkeit Troddeln und Schnüre darauf und bügelte ihn schulgerecht aus, indem er das scheinbar heiße Bügeleisen mit nassen Fingern prüfte. Dann richtete er sich langsam auf, zog seinen fadenscheinigen Rock aus und das Prachtkleid an, nahm ein Spiegelchen, kämmte sich und vollendete seinen Anzug, dass er endlich als das leibhafte Ebenbild des Grafen dastand. Unversehens ging die Musik in eine rasche, mutige Weise über, der Mann wickelte seine Siebensachen in den alten Mantel und warf das Pack weit über die Köpfe der Anwesenden hinweg in die Tiefe des Saales, als wollte er sich ewig von seiner Vergangenheit trennen. Hierauf beging er als stolzer Weltmann in stattlichen Tanzschritten den Kreis, hie und da sich vor den Anwesenden huldreich verbeugend, bis er vor das Brautpaar gelangte. Plötzlich fasste er den Polen, ungeheuer überrascht, fest ins Auge, stand als eine Säule vor ihm still, während gleichzeitig wie auf Verabredung die Musik aufhörte und eine fürchterliche Stille wie ein stummer Blitz einfiel.

»Ei ei ei ei!«, rief er mit weithin vernehmlicher Stimme und reckte den Arm gegen den Unglücklichen aus, »sieh da den Bruder Schlesier, den Wasserpolacken! Der mir aus der Arbeit gelaufen ist, weil er wegen einer kleinen Geschäftsschwankung glaubte, es sei zu Ende mit mir. Nun es freut

Troddeln → Seite 73

mutige mutwillige, draufgängerische, optimistische

Siebensachen Habseligkeiten

in die Tiefe in den Hintergrund, den hinteren Teil

den Bruder Schlesier vgl. Seite 65

Wasserpolacken → Seite 73

mich, dass es Ihnen so lustig geht und Sie hier so fröhliche Fastnacht halten! Stehen Sie in Arbeit zu Goldach?«

Zugleich gab er dem bleich und lächelnd dasitzenden Grafensohn die Hand, welche dieser willenlos ergriff wie eine feurige Eisenstange, während der Doppelgänger rief: »Kommt, Freunde, seht hier unsern sanften Schneidergesellen, der wie ein Raphael aussieht und unsern Dienstmägden, auch der Pfarrerstochter so wohl gefiel, die freilich ein bisschen übergeschnappt ist!«

wie ein Raphael Gemeint ist der Erzengel Raphael (hebr. ›Gott hat geheilt‹), der auch als Schutzherr der Reisenden gilt.

Nun kamen die Seldwyler Leute alle herbei und drängten sich um Strapinski und seinen ehemaligen Meister, indem sie Ersterem treuherzig die Hand schüttelten, dass er auf seinem Stuhle schwankte und zitterte. Gleichzeitig setzte die Musik wieder ein mit einem lebhaften Marsch; die Seldwyler, sowie sie an dem Brautpaar vorüber waren, ordneten sich zum Abzuge und marschierten unter Absingung eines wohleinstudierten diabolischen Lachchores aus dem Saale, während die Goldacher, unter welchen Böhni die Erklärung des Mirakels blitzschnell zu verbreiten gewusst hatte, durcheinanderliefen und sich mit den Seldwylern kreuzten, so dass es einen großen Tumult gab.

diabolischen teuflischen, boshaften

des Mirakels des Wunders, der wundersamen Begebenheit

Als dieser sich endlich legte, war auch der Saal beinahe leer; wenige Leute standen an den Wänden und flüsterten verlegen untereinander; ein paar junge Damen hielten sich in einiger Entfernung von Nettchen, unschlüssig, ob sie sich derselben nähern sollten oder nicht.

Das Paar aber saß unbeweglich auf seinen Stühlen gleich einem steinernen ägyptischen Königspaar, ganz still und einsam; man glaubte den unabsehbaren glühenden Wüstensand zu fühlen.

Nettchen, weiß wie ein Marmor, wendete das Gesicht langsam nach ihrem Bräutigam und sah ihn seltsam von der Seite an.

Da stand er langsam auf und ging mit schweren Schritten hinweg, die Augen auf den Boden gerichtet, während große Tränen aus denselben fielen.

Er ging durch die Goldacher und Seldwyler, welche die Treppen bedeckten, hindurch wie ein Toter, der sich gespenstisch von einem Jahrmarkt stiehlt, und sie ließen ihn seltsamerweise auch wie einen solchen passieren, indem sie ihm still auswichen ohne zu lachen oder harte Worte nachzurufen. Er ging auch zwischen den zur Abfahrt gerüsteten Schlitten und Pferden von Goldach hindurch, indessen die Seldwyler sich in ihrem Quartiere erst noch recht belustigten, und er wandelte halb unbewusst, nur in der Meinung, nicht mehr nach Goldach zurückzukommen, dieselbe Straße gegen Seldwyla hin, auf welcher er vor einigen Monaten hergewandert war. Bald verschwand er in der Dunkelheit des Waldes, durch welchen sich die Straße zog. Er war barhäuptig, denn seine Polenmütze war im Fenstergesimse des Tanzsaales liegen geblieben nebst den Handschuhen, und so schritt er denn gesenkten Hauptes und die frierenden Hände unter die gekreuzten Arme bergend vorwärts, während seine Gedanken sich allmählich sammelten und zu einigem Erkennen gelangten. Das erste deutliche Gefühl, dessen er inne wurde, war dasjenige einer ungeheuren Schande, gleich wie wenn er ein wirklicher Mann von Rang und Ansehen gewesen und nun infam geworden wäre durch Hereinbrechen irgendeines verhängnisvollen Unglückes. Dann löste sich dieses Gefühl aber auf in eine Art Bewusstsein erlittenen Unrechtes; er hatte sich bis zu seinem glorreichen Einzug in die verwünschte Stadt nie ein Vergehen zuschulden kommen lassen; soweit seine Gedanken in die Kindheit zurückreichten, war ihm nicht erinnerlich, dass er je wegen einer Lüge oder einer Täuschung gestraft oder gescholten worden wäre, und nun war er ein Betrüger geworden da-

Meinung Absicht

Fenstergesimse Fensterbrett → Seite 73

infam hier: ehrlos

durch, dass die Torheit der Welt ihn in einem unbewachten und sozusagen wehrlosen Augenblicke überfallen und ihn zu ihrem Spielgesellen gemacht hatte. Er kam sich wie ein Kind vor, welches ein anderes boshaftes Kind überredet hat, von einem Altare den Kelch zu stehlen; er hasste und verachtete sich jetzt, aber er weinte auch über sich und seine unglückliche Verirrung.

den Kelch
→ Seite 74

Wenn ein Fürst Land und Leute nimmt, wenn ein Priester die Lehre seiner Kirche ohne Überzeugung verkündet, aber die Güter seiner Pfründe mit Würde verzehrt; wenn ein dünkelvoller Lehrer die Ehren und Vorteile eines hohen Lehramtes innehat und genießt, ohne von der Höhe seiner Wissenschaft den mindesten Begriff zu haben und derselben auch nur den kleinsten Vorschub zu leisten; wenn ein Künstler ohne Tugend, mit leichtfertigem Tun und leerer Gaukelei sich in Mode bringt und Brot und Ruhm der wahren Arbeit vorwegstiehlt; oder wenn ein Schwindler, der einen großen Kaufmannsnamen geerbt oder erschlichen hat, durch seine Torheiten und Gewissenlosigkeiten Tausende um ihre Ersparnisse und Notpfennige bringt, so weinen alle diese nicht über sich, sondern erfreuen sich ihres Wohlseins und bleiben nicht einen Abend ohne aufheiternde Gesellschaft und gute Freunde.

Pfründe mit finanziellen Einnahmen verbundene geistliche Ämter

den kleinsten Vorschub zu leisten im Geringsten zu nützen

Unser Schneider aber weinte bitterlich über sich d. h. er fing solches plötzlich an, als nun seine Gedanken an der schweren Kette, an der sie hingen, unversehens zu der verlassenen Braut zurückkehrten und sich aus Scham vor der Unsichtbaren zur Erde krümmten. Das Unglück und die Erniedrigung zeigten ihm mit einem hellen Strahle das verlorene Glück und machten aus dem unklar verliebten Irrgänger einen verstoßenen Liebenden. Er streckte die Arme gegen die kalt glänzenden Sterne empor und taumelte mehr, als er ging, auf seiner Straße dahin, stand wieder still und schüttelte den Kopf, als plötzlich ein roter Schein den Schnee um ihn her erreichte und zugleich Schellenklang und Gelächter ertönte. Es waren die Seldwyler, welche mit Fackeln nach Hause fuhren. Schon näherten sich ihm die ersten Pferde mit ihren Nasen; da raffte er sich auf, tat einen gewaltigen Sprung über den Straßenrand und duckte sich unter die vordersten Stämme des Waldes. Der tolle Zug fuhr vorbei und verhallte endlich in der dunklen Ferne, ohne dass der Flüchtling bemerkt worden war; dieser aber, nachdem er eine gute Weile reglos gelauscht hatte, von der Kälte wie von den erst genossenen feurigen Getränken und seiner gramvollen Dummheit übermannt, streckte unvermerkt seine Glieder aus und schlief ein auf dem knisternden Schnee, während ein eiskalter Hauch von Osten heranzuwehen begann.

tolle lärmende → Seite 74

erst gerade erst

Inzwischen erhob auch Nettchen sich von ihrem einsamen Sitze. Sie hatte dem abziehenden Geliebten gewissermaßen aufmerksam nachgeschaut, saß länger als eine Stunde unbeweglich da und stand dann auf, indem sie bitterlich zu weinen begann und ratlos nach der Türe ging. Zwei Freundinnen gesellten sich nun zu ihr mit zweifelhaft tröstenden Worten; sie bat dieselben, ihr Mantel, Tücher, Hut und dergleichen zu verschaffen, in welche Dinge sie sich sodann stumm verhüllte, die Augen mit dem Schleier heftig trocknend. Da man aber, wenn man weint, fast immer zugleich auch die Nase schneuzen muss, so sah sie sich doch genötigt, das Taschentuch zu nehmen und tat einen tüchtigen Schneuz, worauf sie stolz und zornig um sich blickte. In dieses Blicken hinein geriet Melchior Böhni, der sich ihr freundlich, demütig und lächelnd näherte und ihr die Notwendigkeit darstellte, nunmehr einen Führer und Begleiter nach dem väterlichen Hause zurück zu haben. Den Teich Bethesda, sagte er, werde er hier im Gasthause zurücklassen

Schneuz Substantivbildung zu ›schneuzen‹, offenbar nur bei Keller belegt

und dafür die Fortuna mit der verehrten Unglücklichen sicher nach Goldach hin geleiten.

Ohne zu antworten ging sie festen Schrittes voran nach dem Hofe, wo der Schlitten mit den ungeduldigen wohlgefütterten Pferden bereitstand, einer der letzten, welche dort waren. Sie nahm rasch darin Platz, ergriff das Leitseil und die Peitsche, und während der achtlose Böhni, mit glücklicher Geschäftigkeit sich gebärdend, dem Stallknechte der die Pferde gehalten, das Trinkgeld hervorsuchte, trieb sie unversehens die Pferde an und fuhr auf die Landstraße hinaus in starken Sätzen, welche sich bald in einen anhaltenden muntern Galopp verwandelten. Und zwar ging es nicht nach der Heimat, sondern auf der Seldwyler Straße hin. Erst als das leichtbeschwingte Fahrzeug schon dem Blicke entschwunden war, entdeckte Herr Böhni das Ereignis und lief in der Richtung gegen Goldach mit Ho ho! und Haltrufen, sprang dann zurück und jagte mit seinem eigenen Schlitten der entflohenen oder nach seiner Meinung durch die Pferde entführten Schönen nach, bis er am Tore der aufgeregten Stadt anlangte, in welcher das Ärgernis bereits alle Zungen beschäftigte.

Warum Nettchen jenen Weg eingeschlagen, ob in der Verwirrung oder mit Vorsatz, ist nicht sicher zu berichten. Zwei Umstände mögen hier ein leises Licht gewähren. Einmal lagen sonderbarerweise die Pelzmütze und die Handschuhe Strapinskis, welche auf dem Fenstersimse hinter dem Sitze des Paares gelegen hatten, nun im Schlitten der Fortuna neben Nettchen; wann und wie sie diese Gegenstände ergriffen, hatte niemand beachtet und sie selbst wusste es nicht; es war wie im Schlafwandel geschehen. Sie wusste jetzt noch nicht, dass Mütze und Handschuhe neben ihr lagen. Sodann sagte sie mehr als ein Mal laut vor sich hin: »Ich muss noch zwei Worte mit ihm sprechen, nur zwei Worte!«

Diese beiden Tatsachen scheinen zu beweisen, dass nicht ganz der Zufall die feurigen Pferde lenkte. Auch war es seltsam, als die Fortuna in die Waldstraße gelangte, in welche jetzt der helle Vollmond hineinschien, wie Nettchen den Lauf der Pferde mäßigte und die Zügel fester anzog, so dass dieselben beinahe nur im Schritt einhertanzten, während die Lenkerin die traurigen aber dennoch scharfen Augen gespannt auf den Weg heftete, ohne links und rechts den geringsten auffälligen Gegenstand außer Acht zu lassen.

Und doch war gleichzeitig ihre Seele wie in tiefer, schwerer, unglücklicher Vergessenheit befangen; was sind Glück und Leben! von was hangen sie ab? Was sind wir selbst, dass wir wegen einer lächerlichen Fastnachtslüge glücklich oder unglücklich werden? Was haben wir verschuldet, wenn wir durch eine fröhliche gläubige Zuneigung Schmach und Hoffnungslosigkeit einernten? Wer sendet uns solche einfältige Truggestalten, die zerstörend in unser Schicksal eingreifen, während sie sich selbst daran auflösen, wie schwache Seifenblasen?

Solche mehr geträumte als gedachte Fragen umfingen die Seele Nettchens, als ihre Augen sich plötzlich auf einen länglichen dunkeln Gegenstand richteten, welcher zur Seite der Straße sich vom mondbeglänzten Schnee abhob. Es war der langhingestreckte Wenzel, dessen dunkles Haar sich mit dem Schatten der Bäume vermischte, während sein schlanker Körper deutlich im Lichte lag.

Nettchen hielt unwillkürlich die Pferde an, womit eine tiefe Stille über den Wald kam. Sie starrte unverwandt nach dem dunklen Körper, bis derselbe sich ihrem hellsehenden Auge fast unverkennbar darstellte und sie leise die Zügel festband, ausstieg, die Pferde einen Augenblick beruhigend streichelte und sich hierauf der Erscheinung vorsichtig, lautlos näherte.

Ja, er war es. Der dunkelgrüne Samt seines Rockes nahm sich selbst auf dem nächtlichen Schnee schön und edel aus; der schlanke Leib und die geschmeidigen Glieder, wohl geschnürt und bekleidet, alles sagte noch in der Erstarrung, am Rande des Unterganges, im Verlorensein: Kleider machen Leute!

Als sich die einsame Schöne näher über ihn hinbeugte und ihn ganz sicher erkannte, sah sie auch sogleich die Gefahr, in der sein Leben schwebte, und fürchtete, er möchte bereits erfroren sein. Sie ergriff daher unbedenklich eine seiner Hände, die kalt und fühllos schien. Alles andere vergessend rüttelte sie den Ärmsten und rief ihm seinen Taufnamen ins Ohr: »Wenzel! Wenzel!« Umsonst, er rührte sich nicht, sondern atmete nur schwach und traurig. Da fiel sie über ihn her, fuhr mit der Hand über sein Gesicht, und gab ihm in der Beängstigung Nasenstüber auf die erbleichte Nasenspitze. Dann nahm sie, hiedurch auf einen guten Gedanken gebracht, Hände voll Schnee und rieb ihm die Nase und das Gesicht und auch die Finger tüchtig, soviel sie vermochte und bis sich der glücklich Unglückliche erholte, erwachte und langsam seine Gestalt in die Höhe richtete.

Er blickte um sich und sah die Retterin vor sich stehen. Sie hatte den Schleier zurückgeschlagen; Wenzel erkannte jeden Zug in ihrem weißen Gesicht, das ihn ansah mit großen Augen.

Er stürzte vor ihr nieder, küsste den Saum ihres Mantels und rief: »Verzeih mir! Verzeih mir!«

»Komm, fremder Mensch!«, sagte sie mit unterdrückter zitternder Stimme, »ich werde mit dir sprechen und dich fortschaffen!«

Sie winkte ihm, in den Schlitten zu steigen, was er folgsam tat; sie gab ihm Mütze und Handschuh, ebenso unwillkürlich, wie sie dieselben mitgenommen hatte, ergriff Zügel und Peitsche und fuhr vorwärts.

Rockes vgl. Seite 66 f.

wohl geschnürt → Seite 74

möchte könnte

Nasenstüber leichte Schläge auf die Nase

Jenseits des Waldes, unfern der Straße, lag ein Bauernhof, auf welchem eine Bäuerin hauste, deren Mann unlängst gestorben. Nettchen war die Patin eines ihrer Kinder, sowie der Vater Amtsrat ihr Zinsherr. Noch neulich war die Frau bei ihnen gewesen, um der Tochter Glück zu wünschen und allerlei Rat zu holen, konnte aber zu dieser Stunde noch nichts von dem Wandel der Dinge wissen.

Zinsherr Eigentümer des Grunds und Bodens, auf dem die Bäuerin lebt; dieser Eigentümer erhielt Abgaben in Form von Geld und / oder Ernteerträgen.

Nach diesem Hofe fuhr Nettchen jetzt, von der Straße ablenkend und mit einem kräftigen Peitschenknallen vor dem Hause haltend. Es war noch Licht hinter den kleinen Fenstern; denn die Bäuerin war wach und machte sich zu schaffen, während Kinder und Gesinde längst schliefen. Sie öffnete das Fenster und guckte verwundert heraus. »Ich bin's nur, wir sind's«, rief Nettchen. »Wir haben uns verirrt wegen der neuen obern Straße, die ich noch nie gefahren bin; macht uns einen Kaffee, Frau Gevatterin, und lasst uns einen Augenblick hineinkommen ehe wir weiterfahren!«

Gevatterin eigentlich: Taufpatin; in einem weiteren Sinn auch eine vertrauliche Anrede unter Frauen

Gar vergnügt eilte die Bäuerin her, da sie Nettchen sofort erkannte, und bezeigte sich entzückt und eingeschüchtert zugleich, auch das große Tier, den fremden Grafen zu sehen. In ihren Augen waren Glück und Glanz dieser Welt in diesen zwei Personen über ihre Schwelle getreten; unbestimmte Hoffnungen, einen kleinen Teil daran, irgendeinen bescheidenen Nutzen für sich oder ihre Kinder zu gewinnen, belebten die gute Frau und gaben ihr alle Behendigkeit, die jungen Herrschaftsleute zu bedienen. Schnell hatte sie ein Knechtchen geweckt, die Pferde zu halten, und bald hatte sie auch einen heißen Kaffee bereitet, welchen sie jetzt hereinbrachte, wo Wenzel und Nettchen in der halbdunklen Stube einander gegenübersaßen, ein schwach flackerndes Lämpchen zwischen sich auf dem Tische.

Wenzel saß, den Kopf in die Hände gestützt, und wagte nicht aufzublicken. Nettchen lehnte auf ihrem Stuhle zurück und hielt die Augen fest verschlossen, aber ebenso den bitteren schönen Mund, woran man sah, dass sie keineswegs schlief.

Als die Gevattersfrau den Trank auf den Tisch gesetzt hatte, erhob sich Nettchen rasch und flüsterte ihr zu: »Lasst uns jetzt eine Viertelstunde allein, legt Euch aufs Bett, liebe Frau, wir haben uns ein bisschen gezankt und müssen uns heute noch aussprechen, da hier gute Gelegenheit ist!«

»Ich verstehe schon, Ihr macht's gut so!«, sagte die Frau und ließ die zwei bald allein.

»Trinken Sie dies«, sagte Nettchen, die sich wieder gesetzt hatte, »es wird Ihnen gesund sein!« Sie selbst berührte nichts. Wenzel Strapinski, der leise zitterte, richtete sich auf, nahm eine Tasse und trank sie aus, mehr weil sie es gesagt hatte, als um sich zu erfrischen. Er blickte sie jetzt auch an und als ihre Augen sich begegneten und Nettchen forschend die seinigen betrachtete, schüttelte sie das Haupt und sagte dann: »Wer sind Sie? Was wollten Sie mit mir!«

gesund sein gut bekommen

»Ich bin nicht ganz so, wie ich scheine!«, erwiderte er traurig, »ich bin ein armer Narr, aber ich werde alles gutmachen und Ihnen Genugtuung geben und nicht lange mehr am Leben sein!« Solche Worte sagte er so überzeugt und ohne allen gemachten Ausdruck, dass Nettchens Augen unmerklich aufblitzten. Dennoch wiederholte sie: »Ich wünsche zu wissen, wer Sie eigentlich seien und woher Sie kommen und wohin Sie wollen?«

»Es ist alles so gekommen, wie ich Ihnen jetzt der Wahrheit gemäß erzählen will«, antwortete er und sagte ihr, wer er sei und wie es ihm bei seinem Einzug in Goldach ergangen. Er beteuerte besonders, wie er mehrmals habe fliehen wollen, schließlich aber durch ihr Erscheinen selbst gehindert worden sei, wie in einem verhexten Traume.

Nettchen wurde mehrmals von einem Anflug von Lachen heimgesucht; doch überwog der Ernst ihrer Angelegenheit zu sehr, als dass es zum Ausbruch gekommen wäre. Sie fuhr vielmehr fort zu fragen: »Und wohin gedachten Sie mit mir zu gehen und was zu beginnen?« »Ich weiß es kaum«, erwiderte er; »ich hoffte auf weitere merkwürdige oder glückliche Dinge; auch gedachte ich zuweilen des Todes in der Art, dass ich mir denselben geben wolle, nachdem ich –«

Hier stockte Wenzel und sein bleiches Gesicht wurde ganz rot.

»Nun, fahren Sie fort«, sagte Nettchen ihrerseits bleich werdend, indessen ihr Herz wunderlich klopfte.

Da flammten Wenzels Augen groß und süß auf und er rief:

»Ja, jetzt ist es mir klar und deutlich vor Augen, wie es gekommen wäre! Ich wäre mit dir in die weite Welt gegangen und nachdem ich einige kurze Tage des Glückes mit dir gelebt, hätte ich dir den Betrug gestanden und mir gleichzeitig den Tod gegeben. Du wärest zu deinem Vater zurückgekehrt, wo du wohl aufgehoben gewesen wärest und mich leicht vergessen hättest. Niemand brauchte darum zu wissen; ich wäre spurlos verschollen. – Anstatt an der Sehnsucht nach einem würdigen Dasein, nach einem gütigen Herzen, nach Liebe lebenslang zu kranken«, fuhr er wehmütig fort, »wäre ich einen Augenblick lang groß und glücklich gewesen und hoch über allen, die weder glücklich noch unglücklich sind und doch nie sterben wollen! O hätten Sie mich liegen gelassen im kalten Schnee, ich wäre so ruhig eingeschlafen!«

Er war wieder still geworden und schaute düster sinnend vor sich hin.

Nach einer Weile sagte Nettchen, die ihn still betrachtet, nachdem das durch Wenzels Reden angefachte Schlagen ihres Herzens sich etwas gelegt hatte:

»Haben Sie dergleichen oder ähnliche Streiche früher schon begangen und fremde Menschen angelogen, die Ihnen nichts zuleide getan?«

»Das habe ich mich in dieser bitteren Nacht selbst schon gefragt und mich nicht erinnert, dass ich je ein Lügner gewesen bin! Ein solches Abenteuer habe ich noch gar nie gemacht oder erfahren! Ja, in jenen Tagen, als der Hang in mir entstanden, etwas Ordentliches zu sein oder zu scheinen, in halber Kindheit noch, habe ich mich selbst überwunden und einem Glück entsagt, das mir beschieden schien!«

»Was ist dies?«, fragte Nettchen.

»Meine Mutter war, ehe sie sich verheiratet hatte, in Diensten einer benachbarten Gutsherrin und mit derselben auf Reisen und in großen Städten gewesen. Davon hatte sie eine feinere Art bekommen, als die anderen Weiber unseres Dorfes, und war wohl auch etwas eitel; denn sie kleidete sich und mich, ihr einziges Kind, immer etwas zierlicher und gesuchter, als es bei uns Sitte war. Der Vater, ein armer Schulmeister, starb aber früh, und so blieb uns bei größter Armut keine Aussicht auf glückliche Erlebnisse, von welchen die Mutter gerne zu träumen pflegte. Vielmehr musste sie sich harter Arbeit hingeben, um uns zu ernähren, und damit das Liebste, was sie hatte, etwas bessere Haltung und Kleidung, aufopfern. Unerwartet sagte nun jene neu verwitwete Gutsherrin, als ich etwa sechszehn Jahre alt war, sie gehe mit ihrem Haushalt in die Residenz für immer; die Mutter solle mich mitgeben, es sei schade für mich in dem Dorfe ein Taglöhner oder Bauernknecht zu werden, sie wolle mich etwas Feines lernen lassen, zu was ich Lust habe, während ich in ihrem Hause leben und diese und jene leichteren Dienstleistungen tun könne. Das schien nun das Herrlichste zu sein, was sich für uns ereignen mochte. Alles wurde demgemäß verabredet und zubereitet, als die Mutter nachdenklich und traurig wurde und mich eines Tages plötzlich mit vielen Tränen bat, sie nicht zu verlassen, sondern mit ihr arm zu bleiben; sie werde nicht alt werden, sagte sie, und ich würde gewiss noch zu et-

Residenz Hauptstadt, Regierungssitz

Taglöhner (meist ungelernter) Arbeiter, der nur tageweise beschäftigt und bezahlt wird

was Gutem gelangen, auch wenn sie tot sei. Die Gutsherrin, der ich das betrübt hinterbrachte, kam her und machte meiner Mutter Vorstellungen; aber diese wurde jetzt ganz aufgeregt und rief einmal um das andere, sie lasse sich ihr Kind nicht rauben; wer es kenne –«

Hier stockte Wenzel Strapinski abermals und wusste sich nicht recht fortzuhelfen.

Nettchen fragte: »Was sagte die Mutter, wer es kenne? Warum fahren Sie nicht fort?«

Wenzel errötete und antwortete: »Sie sagte etwas Seltsames, was ich nicht recht verstand und was ich jedenfalls seither nicht verspürt habe; sie meinte, wer das Kind kenne, könne nicht mehr von ihm lassen, und wollte wohl damit sagen, dass ich ein gutmütiger Junge gewesen sei oder etwas dergleichen. Kurz, sie war so aufgeregt, dass ich trotz alles Zuredens jener Dame entsagte und bei der Mutter blieb, wofür sie mich doppelt lieb hatte, tausendmal mich um Verzeihung bittend, dass sie mir vor dem Glücke sei. Als ich aber nun auch etwas verdienen lernen sollte, stellte es sich heraus, dass nicht viel anderes zu tun war, als dass ich zu unserem Dorfschneider in die Lehre ging. Ich wollte nicht, aber die Mutter weinte so sehr, dass ich mich ergab. Dies ist die Geschichte.«

Auf Nettchens Frage, warum er denn doch von der Mutter fort sei und wann? erwiderte Wenzel: »Der Militärdienst rief mich weg. Ich wurde unter die Husaren gesteckt und war ein ganz hübscher roter Husar, obwohl vielleicht der dümmste im Regiment, jedenfalls der stillste. Nach einem Jahr konnte ich endlich für ein paar Wochen Urlaub erhalten und eilte nach Hause, meine gute Mutter zu sehen; aber sie war eben gestorben. Da bin ich denn, als meine Zeit vorbei war, einsam in die Welt gereist und endlich hier in mein Unglück geraten.«

hinterbrachte mitteilte

Vorstellungen Vorhaltungen → Seite 74

einmal um das andere ein um das andere Mal, wiederholt

mir vor dem Glücke sei meinem Glück im Wege stehe

mich ergab nachgab, mich in mein Schicksal fügte

roter Husar vgl. Seite 68 (›rot‹ bezieht sich auf die Farbe der Uniform)

meine Zeit vorbei der Militärdienst abgeleistet

Nettchen lächelte, als er dieses vor sich hin klagte und sie ihn dabei aufmerksam betrachtete. Es war jetzt eine Zeit lang still in der Stube; auf einmal schien ihr ein Gedanke aufzutauchen.

»Da Sie«, sagte sie plötzlich, aber dennoch mit zögerndem spitzigen Wesen, »stets so wertgeschätzt und liebenswürdig waren, so haben Sie ohne Zweifel auch jederzeit Ihre gehörigen Liebschaften oder dergleichen gehabt und wohl schon mehr als ein armes Frauenzimmer auf dem Gewissen – von mir nicht zu reden?«

Frauenzimmer vgl. Seite 20

»Ach Gott«, erwiderte Wenzel, ganz rot werdend, »eh ich zu Ihnen kam, habe ich niemals auch nur die Fingerspitzen eines Mädchens berührt, ausgenommen –«

»Nun?«, sagte Nettchen.

»Nun«, fuhr er fort, »das war eben jene Frau, die mich mitnehmen und bilden lassen wollte, die hatte ein Kind, ein Mädchen von sieben oder acht Jahren, ein seltsames heftiges Kind und doch gut wie Zucker und schön wie ein Engel. Dem hatte ich vielfach den Diener und Beschützer machen müssen und es hatte sich an mich gewöhnt. Ich musste es regelmäßig nach dem entfernten Pfarrhof bringen, wo es bei dem alten Pfarrer Unterricht genoss, und es von da wieder abholen. Auch sonst musste ich öfter mit ihm ins Freie, wenn sonst niemand gerade mitgehen konnte. Dieses Kind nun, als ich es zum letzten Mal im Abendschein über das Feld nach Hause führte, fing von der bevorstehenden Abreise zu reden an, erklärte mir, ich müsste dennoch mitgehen und fragte, ob ich es tun wollte. Ich sagte, dass es nicht sein könne. Das Kind fuhr aber fort, gar beweglich und dringlich zu bitten, indem es mir am Arme hing und mich am Gehen hinderte, wie Kinder zu tun pflegen, so dass ich mich bedachtlos wohl etwas unwirsch frei machte. Da senkte das Mädchen sein Haupt und suchte beschämt und traurig die Tränen zu unter-

beweglich rührend → Seite 74

drücken, die jetzt hervorbrachen, und es vermochte kaum das Schluchzen zu bemeistern. Betroffen wollte ich das Kind begütigen, allein nun wandte es sich zornig ab und entließ mich in Ungnaden. Seitdem ist mir das schöne Kind immer im Sinne geblieben und mein Herz hat immer an ihm gehangen, obgleich ich nie wieder von ihm gehört habe –«

Plötzlich hielt der Sprecher, der in eine sanfte Erregung geraten war, wie erschreckt inne und starrte erbleichend seine Gefährtin an.

»Nun«, sagte Nettchen ihrerseits mit seltsamem Tone in gleicher Weise etwas blass geworden, »was sehen Sie mich so an?«

Wenzel aber streckte den Arm aus, zeigte mit dem Finger auf sie, wie wenn er einen Geist sähe, und rief:

»Dieses habe ich auch schon erblickt. Wenn jenes Kind zornig war, so hoben sich ganz so, wie jetzt bei Ihnen, die schönen Haare um Stirne und Schläfe ein wenig aufwärts, dass man sie sich bewegen sah, und so war es auch zuletzt auf dem Felde in jenem Abendglanze.«

zunächst sehr nahe bei, unmittelbar bei

In der Tat hatten sich die zunächst den Schläfen und über der Stirne liegenden Locken Nettchens leise bewegt wie von einem ins Gesicht wehenden Lufthauche.

kokette eitle, gefallsüchtige, selbstgefällige

Die allezeit etwas kokette Mutter Natur hatte hier eines ihrer Geheimnisse angewendet, um den schwierigen Handel zu Ende zu führen.

Nach kurzem Schweigen, indem ihre Brust sich zu heben begann, stand Nettchen auf, ging um den Tisch herum dem Manne entgegen und fiel ihm um den Hals mit den Worten: »Ich will dich nicht verlassen! Du bist mein, und ich will mit dir gehen trotz aller Welt!«

So feierte sie erst jetzt ihre rechte Verlobung aus tief entschlossener Seele, indem sie in süßer Leidenschaft ein Schicksal auf sich nahm und Treue hielt.

Doch war sie keineswegs so blöde, dieses Schicksal nicht selbst ein wenig lenken zu wollen; vielmehr fasste sie rasch und keck neue Entschlüsse. Denn sie sagte zu dem guten Wenzel, der in dem abermaligen Glückeswechsel verloren träumte:

blöde schwach, verzagt, ohne Selbstvertrauen (vgl. auch Seite 10)

»Nun wollen wir gerade nach Seldwyl gehen und den Dortigen, die uns zu zerstören gedachten, zeigen, dass sie uns erst recht vereinigt und glücklich gemacht haben!«

Dem wackern Wenzel wollte dies nicht einleuchten. Er wünschte vielmehr, in unbekannte Weiten zu ziehen und geheimnisvoll romantisch dort zu leben in stillem Glücke, wie er sagte.

wackern tüchtigen, tapferen (hier mit leiser Ironie gebraucht)

Allein Nettchen rief: »Keine Romane mehr! Wie du bist, ein armer Wandersmann, will ich mich zu dir bekennen und in meiner Heimat allen diesen Stolzen und Spöttern zum Trotze dein Weib sein. Wir wollen nach Seldwyla gehen und dort durch Tätigkeit und Klugheit die Menschen, die uns verhöhnt haben, von uns abhängig machen!«

Allein Jedoch (vgl. Seite 14)

Romane vgl. Seite 71

Und wie gesagt, so getan! Nachdem die Bäuerin herbeigerufen und von Wenzel, der anfing seine neue Stellung einzunehmen, beschenkt worden war, fuhren sie ihres Weges weiter. Wenzel führte jetzt die Zügel. Nettchen lehnte sich so zufrieden an ihn, als ob er eine Kirchensäule wäre. Denn des Menschen Wille ist sein Himmelreich, und Nettchen war just vor drei Tagen volljährig geworden und konnte dem Ihrigen folgen.

des Menschen Wille ist sein Himmelreich → Seite 74

volljährig hier: 20 Jahre alt

dem Ihrigen wohl: ihrem eigenen Willen

In Seldwyla hielten sie vor dem Gasthause zum Regenbogen, wo noch eine Zahl jener Schlittenfahrer beim Glase saß. Als das Paar im Wirtssaale erschien, lief wie ein Feuer die Rede herum: »Ha, da haben wir eine Entführung; wir haben eine köstliche Geschichte eingeleitet!«

Doch ging Wenzel ohne Umsehen hindurch mit seiner Braut, und nachdem sie in ihren Gemächern verschwunden war, begab er sich in den Wilden Mann, ein anderes gutes Gasthaus, und schritt stolz durch die dort ebenfalls noch hausenden Seldwyler hindurch in ein Zimmer, das er begehrte, und überließ sie ihren erstaunten Beratungen, über welchen sie sich das grimmigste Kopfweh anzutrinken genötigt waren.

stolz kühn, selbstbewusst

begehrte zu mieten verlangte

Auch in der Stadt Goldach lief um die gleiche Zeit schon das Wort »Entführung!« herum.

In aller Frühe schon fuhr auch der Teich Bethesda nach Seldwyla, von dem aufgeregten Böhni und Nettchens betroffenem Vater bestiegen. Fast wären sie in ihrer Eile ohne Anhalt durch Seldwyla gefahren, als sie noch rechtzeitig den Schlitten Fortuna wohlbehalten vor dem Gasthause stehen sahen und zu ihrem Troste vermuteten, dass wenigstens die schönen Pferde auch nicht weit sein würden. Sie ließen daher ausspannen, als sich die Vermutung bestätigte und sie die Ankunft und den Aufenthalt Nettchens vernahmen, und gingen gleichfalls in den Regenbogen hinein.

ohne Anhalt ohne Pause

Es dauerte jedoch eine kleine Weile, bis Nettchen den Vater bitten ließ, sie auf ihrem Zimmer zu besuchen und dort allein mit ihr zu sprechen. Auch sagte man, sie habe bereits den besten Rechtsanwalt der Stadt rufen lassen, welcher im Laufe des Vormittags erscheinen werde. Der Amtsrat ging etwas schweren Herzens zu seiner Tochter hinauf, überlegend, auf welche Weise er das desperate Kind am besten aus der Verirrung zurückführe, und war auf ein verzweifeltes Gebaren gefasst.

desperate eigentlich: verzweifelte, hoffnungslose; hier: auf einem Irrweg befindliche, eigensinnige

Allein mit Ruhe und sanfter Festigkeit trat ihm Nettchen entgegen. Sie dankte ihrem Vater mit Rührung für alle ihr bewiesene Liebe und Güte und erklärte sodann in bestimmten Sätzen: erstens sie wolle nach dem Vorgefallenen nicht mehr in Goldach leben, wenigstens nicht die nächsten Jahre; zweitens wünsche sie ihr bedeutendes mütterliches Erbe an

Gebaren Benehmen, Verhalten

sich zu nehmen, welches der Vater ja schon lange für den Fall ihrer Verheiratung bereitgehalten; drittens wolle sie den Wenzel Strapinski heiraten, woran vor allem nichts zu ändern sei; viertens wolle sie mit ihm in Seldwyla wohnen und ihm da ein tüchtiges Geschäft gründen helfen, und fünftens und letztens werde alles gut werden; denn sie habe sich überzeugt, dass er ein guter Mensch sei und sie glücklich machen werde.

Der Amtsrat begann seine Arbeit mit der Erinnerung, dass Nettchen ja wisse, wie sehr er schon gewünscht habe, ihr Vermögen zur Begründung ihres wahren Glückes je eher je lieber in ihre Hände legen zu können. Dann aber schilderte er mit aller Bekümmernis, die ihn seit der ersten Kunde von der schrecklichen Katastrophe erfüllte, das Unmögliche des Verhältnisses, das sie festhalten wolle, und schließlich zeigte er das große Mittel, durch welches sich der schwere Konflikt allein würdig lösen lasse. Herr Melchior Böhni sei es, der bereit sei, durch augenblickliches Einstehen mit seiner Person den ganzen Handel niederzuschlagen und mit seinem unantastbaren Namen ihre Ehre vor der Welt zu schützen und aufrechtzuhalten.

Aber das Wort Ehre brachte nun doch die Tochter in größere Aufregung. Sie rief, gerade die Ehre sei es, welche ihr gebiete, den Herrn Böhni nicht zu heiraten, weil sie ihn nicht leiden könne, dagegen dem armen Fremden getreu zu bleiben, welchem sie ihr Wort gegeben habe, und den sie auch leiden könne!

Es gab nun ein fruchtloses Hin- und Widerreden, welches die standhafte Schöne endlich doch zum Tränenvergießen brachte.

Fast gleichzeitig drangen Wenzel und Böhni herein, welche auf der Treppe zusammengetroffen, und es drohte eine große Verwirrung zu entstehen, als auch der Rechtsanwalt

das an dem

Einstehen Einspringen (vgl. den Ausdruck ›für jemanden einstehen‹)

Handel Sache, Angelegenheit (vgl. Seite 29)

vorderhand einstweilen, zunächst

Austrag → Seite 75

erschien, ein dem Amtsrate wohlbekannter Mann, und vorderhand zur friedlichen Besonnenheit mahnte. Als er in wenigen vorläufigen Worten vernahm, worum es sich handle, ordnete er an, dass vor allem Wenzel sich in den Wilden Mann zurückziehe und sich dort stillhalte, dass auch Herr Böhni sich nicht einmische und fortgehe, dass Nettchen ihrerseits alle Formen des bürgerlichen guten Tones wahre bis zum Austrag der Sache und der Vater auf jede Ausübung von Zwang verzichte, da die Freiheit der Tochter gesetzlich unbezweifelt sei.

So gab es denn einen Waffenstillstand und eine allgemeine Trennung für einige Stunden.

Lustbarkeit angeregtem Vergnügen

In der Stadt, wo der Anwalt ein paar Worte verlauten ließ von einem großen Vermögen, welches vielleicht nach Seldwyla käme durch diese Geschichte, entstand nun ein großer Lärm. Die Stimmung der Seldwyler schlug plötzlich um zugunsten des Schneiders und seiner Verlobten, und sie beschlossen, die Liebenden zu schützen mit Gut und Blut und in ihrer Stadt Recht und Freiheit der Person zu wahren. Als daher das Gerücht ging, die Schöne von Goldach solle mit Gewalt zurückgeführt werden, rotteten sie sich zusammen, stellten bewaffnete Schutz- und Ehrenwachen vor den Regenbogen und vor den Wilden Mann und begingen überhaupt mit gewaltiger Lustbarkeit eines ihrer großen Abenteuer, als merkwürdige Fortsetzung des gestrigen.

als ob Seldwyla ein neues Troja werden sollte → Seite 75

Stadttambour Stadttrommler, Ausrufer (offizieller Mitteilungen)

Spannschraube Schraube zum Spannen des Felles einer Trommel

Der erschreckte und gereizte Amtsrat schickte seinen Böhni nach Goldach um Hülfe. Der fuhr im Galopp hin, und am nächsten Tage fuhren eine Anzahl Männer mit einer ansehnlichen Polizeimacht von dort herüber, um dem Amtsrat beizustehen, und es gewann den Anschein, als ob Seldwyla ein neues Troja werden sollte. Die Parteien standen sich drohend gegenüber; der Stadttambour drehte bereits an seiner Spannschraube und tat einzelne Schläge mit dem rechten

Schlägel. Da kamen höhere Amtspersonen, geistliche und weltliche Herren auf den Platz, und die Unterhandlungen, welche allseitig gepflogen wurden, ergaben endlich, da Nettchen fest blieb und Wenzel sich nicht einschüchtern ließ, aufgemuntert durch die Seldwyler, dass das Aufgebot ihrer Ehe nach Sammlung aller nötigen Schriften förmlich stattfinden und dass gewärtigt werden solle, ob und welche gesetzliche Einsprachen während dieses Verfahrens dagegen erhoben würden und mit welchem Erfolge.

Solche Einsprachen konnten bei der Volljährigkeit Nettchens einzig noch erhoben werden wegen der zweifelhaften Person des falschen Grafen Wenzel Strapinski.

Allein der Rechtsanwalt, der seine und Nettchens Sache nun führte, ermittelte, dass den fremden jungen Mann weder in seiner Heimat noch auf seinen bisherigen Fahrten auch nur der Schatten eines bösen Leumunds getroffen habe und von überallher nur gute und wohlwollende Zeugnisse für ihn einliefen.

Was die Ereignisse in Goldach betraf, so wies der Advokat nach, dass Wenzel sich eigentlich gar nie selbst für einen Grafen ausgegeben, sondern dass ihm dieser Rang von andern gewaltsam verliehen worden; dass er schriftlich auf allen vorhandenen Belegstücken mit seinem wirklichen Namen Wenzel Strapinski ohne jede Zutat sich unterzeichnet hatte und somit kein anderes Vergehen vorlag, als dass er eine törichte Gastfreundschaft genossen hatte, die ihm nicht gewährt worden wäre, wenn er nicht in jenem Wagen angekommen wäre und jener Kutscher nicht jenen schlechten Spaß gemacht hätte.

So endigte denn der Krieg mit einer Hochzeit, an welcher die Seldwyler mit ihren sogenannten Katzenköpfen gewaltig schossen zum Verdrusse der Goldacher, welche den Geschützdonner ganz gut hören konnten, da der Westwind

Schlägel Trommelstock

Aufgebot (früher obligatorische) öffentliche Bekanntmachung einer beabsichtigten Eheschließung

aller nötigen Schriften wohl persönliche Urkunden (wie der Taufschein)

gewärtigt erwartet

bösen Leumunds → Seite 75

Zeugnisse Berichte, Aussagen → Seite 75

einliefen eintrafen

Advokat Rechtsanwalt

sich unterzeichnet unterschrieben

Katzenköpfen kleinen Geschützen (schweizerdt. ›Chatzegrind‹)

Gut Eigentum

Marchand-Tailleur (frz.) Händler und Schneider (gemeint ist: nicht nur Handwerker, sondern zugleich auch Unternehmer)

wehte. Der Amtsrat gab Nettchen ihr ganzes Gut heraus und sie sagte, Wenzel müsse nun ein großer Marchand-Tailleur und Tuchherr werden in Seldwyla; denn da hieß der Tuchhändler noch Tuchherr, der Eisenhändler Eisenherr u. s. w.

Das geschah denn auch, aber in ganz anderer Weise, als die Seldwyler geträumt hatten. Er war bescheiden, sparsam und fleißig in seinem Geschäfte, welchem er einen großen Umfang zu geben verstand. Er machte ihnen ihre veilchenfarbigen oder weiß und blau gewürfelten Sammetwesten, ihre Ballfräcke mit goldenen Knöpfen, ihre rot ausgeschlagenen Mäntel, und alles waren sie ihm schuldig, aber nie zu lange Zeit. Denn um neue, nach schönere Sachen zu erhalten, welche er kommen oder anfertigen ließ, mussten sie ihm das Frühere bezahlen, so dass sie untereinander klagten, er presse ihnen das Blut unter den Nägeln hervor.

Dabei wurde er rund und stattlich und sah beinah gar nicht mehr träumerisch aus; er wurde von Jahr zu Jahr geschäftserfahrener und gewandter und wusste in Verbindung mit seinem bald versöhnten Schwiegervater, dem Amtsrat, so gute Spekulationen zu machen, dass sich sein Vermögen verdoppelte und er nach zehn oder zwölf Jahren mit ebenso vielen Kindern, die inzwischen Nettchen, die Strapinska, geboren hatte, und mit Letzterer nach Goldach übersiedelte und daselbst ein angesehener Mann ward.

so gute Spekulationen vgl. Seite 64

die Strapinska → Seite 75

Stüber → Seite 76

Aber in Seldwyla ließ er nicht einen Stüber zurück, sei es aus Undank oder aus Rache.

Zur Textgestalt

Der erste Band der Novellensammlung »Die Leute von Seldwyla« erschien 1856 im Verlag von Eduard Vieweg in Braunschweig. Er enthielt folgende fünf Erzählungen (die Bezeichnungen ›Novelle‹ und ›Erzählung‹ wurden im 19. Jahrhundert meist als Synonyme verwendet): »Pankraz, der Schmoller«, »Romeo und Julia auf dem Dorfe«, »Frau Regel Amrain und ihr Jüngster«, »Die drei gerechten Kammacher« und »Spiegel, das Kätzchen. Ein Märchen«. Schon Ende 1856 schlossen Vieweg und Keller einen Verlagsvertrag über einen zweiten Band ab. Die fünf Erzählungen der zweiten Serie – »Kleider machen Leute«, »Der Schmied seines Glückes«, »Die missbrauchten Liebesbriefe«, »Dietegen« und »Das verlorene Lachen« – lagen jedoch erst Anfang 1873 fertig vor. Sie erschienen, weil sich Keller und Vieweg inzwischen zerstritten hatten, nach Rückzahlung aller Vorschüsse zusammen mit den fünf Erzählungen der ersten Serie in einer vierbändigen Gesamtausgabe der »Leute von Seldwyla« in der Stuttgarter Verlagsanstalt G. J. Göschen, die 1872 bereits die »Sieben Legenden« herausgebracht hatte. Die ersten drei Bände der »Leute von Seldwyla« kamen an Weihnachten 1873 (mit der Jahresangabe 1874) auf den Markt, der vierte Band Ende 1874, weil Keller noch bis zum Oktober an den letzten Erzählungen gefeilt hatte. »Kleider machen Leute« eröffnete den dritten Band. Die vorliegende Ausgabe beruht auf dem Text dieser ersten Ausgabe der Erzählung.

Die Rechtschreibung ist an den heutigen Stand angepasst. Zeichensetzung und Lautstand blieben jedoch unangetastet, wie es mittlerweile bei Neuausgaben älterer Werke üblich ist. So sind Formen wie »hiefür« (S. 17), »hiemit« (S. 25), »hie« (S. 36), »hiedurch« (S. 43), »hangen« (statt »hängen«, S. 42), »Hülfe« (S. 54) und »Kanarienkäficht« (S. 24) unverändert aus dem Originaltext übernommen. Wegen der nur sehr geringfügigen lautlichen Abweichung ist dagegen »Mittagbrod« (S. 5) bzw. »Brodbissen« (S. 12) an die heutige

Schreibung angeglichen worden; das Gleiche gilt für »ächter« (S. 15), »sähe« (»sehe«, S. 25) und »allmälig« (S. 18) bzw. »allmählig« (S. 35). Keller verwendet sowohl die heute übliche Adjektivform »dunklen« (S. 30, 40 und 42) als auch die seinerzeit vielleicht noch verbreitetere Form »dunkeln« (S. 18, 35 und 42). Hier wurde keine Angleichung vorgenommen, um den originalen Lautstand des Textes zu wahren.

Insgesamt weicht die sprachliche Form in »Kleider machen Leute« nur sehr geringfügig vom heutigen Stand ab, sodass sich von dieser Seite her keine Verständnisprobleme ergeben. Anders verhält es sich auf den Ebenen der sprachlichen Bedeutung zahlreicher Ausdrücke und des vorausgesetzten Hintergrundwissens. Hier sorgen die Worterklärungen am Rand und die ausführlicheren Erläuterungen im Anhang für die notwendige Sachaufklärung.

In älteren Texten werden betonte Wörter manchmal durch Großschreibung hervorgehoben. Andererseits wurden seinerzeit manche Wörter (wie »Alle«, »Alles«, »Vieles«, »Jemand«, »Niemand«, »Jedermann« oder »Andere«) nicht durchweg, aber doch in aller Regel großgeschrieben, ohne dass damit eine besondere Betonung signalisiert werden sollte. So ist es manchmal schwierig zu entscheiden, ob es sich um eine Hervorhebung handelt oder nicht. In »Kleider machen Leute« scheint das eher nicht der Fall zu sein. Daher werden die angeführten Beispielwörter und ein paar andere in dieser Ausgabe kleingeschrieben, wie es der heutigen Rechtschreibung entspricht.

Erläuterungen

S. 3 Kleider machen Leute Dieser Ausspruch findet sich in den »Sinngedichten« des Barockdichters Friedrich von Logau (1605 bis 1655) und hat seinen ferneren Ursprung möglicherweise in einer Formulierung aus der »Institutio oratoria« (dem Lehrbuch der Redekunst) des römischen Rhetorikers Quintilian (35 bis ca. 100 n. Chr.). Dort heißt es: »vestis virum reddit« (»die Kleidung ergibt den Mann«).

S. 5 Goldach Bei Rohrschach am Bodensee existiert ein Städtchen mit dem Namen Goldach; und in der Nähe von Zürich liegt ein Ort namens Goldbach. In erster Linie ist der Name aber als sprechende Bezeichnung aufzufassen, indem er veranschaulicht, dass es sich bei Goldach um eine »kleine[] reiche[] Stadt« (Z. 3) handelt.

Seldwyla In der Vorrede zum ersten Teil des Novellenzyklus »Die Leute von Seldwyla« schreibt Keller: »Seldwyla bedeutet nach der älteren Sprache einen wonnigen und sonnigen Ort, und so ist auch in der Tat die kleine Stadt dieses Namens gelegen irgendwo in der Schweiz. Sie steckt noch in den gleichen alten Ringmauern und Türmen, wie vor dreihundert Jahren, und ist also immer das gleiche Nest; [...] Aber schön ist sie gelegen mitten in grünen Bergen, die nach der Mittagseite zu offen sind, so dass wohl die Sonne herein kann, aber kein rauhes Lüftchen. Deswegen gedeiht auch ein ziemlich guter Wein rings um die alte Stadtmauer, während höher hinauf an den Bergen unabsehbare Waldungen sich hinziehen, welche das Vermögen der Stadt ausmachen; denn dies ist das Wahrzeichen und das sonderbare Schicksal derselben, dass die Gemeinde reich ist und die Bürgerschaft arm, und zwar so, dass kein Mensch zu Seldwyla etwas hat und niemand weiß, wovon sie seit Jahrhunderten eigentlich leben. Und sie leben sehr lustig und guter Dinge, halten die Gemütlichkeit für ihre besondere Kunst und wenn sie irgendwo hinkommen, wo man anderes Holz brennt, so kritisieren sie zuerst die dortige Gemütlichkeit und meinen, ihnen tue es doch niemand zuvor in dieser Hantierung.

Der Kern und der Glanz des Volkes besteht aus den jungen Leuten von etwa zwanzig bis fünf-, sechsunddreißig Jahren, und diese sind es, welche den Ton angeben, die Stange halten und die Herrlichkeit von Seldwyla darstellen. Denn während dieses Alters üben sie das Geschäft, das Handwerk, den Vorteil oder was sie sonst gelernt haben, d. h. sie lassen, so lange es geht, fremde Leute für sich arbeiten und benutzen ihre Profession zur Betreibung eines trefflichen Schuldenverkehres, der eben die Grundlage der Macht, Herrlichkeit und Gemütlichkeit der Herren von Seldwyl bildet und mit einer ausgezeichneten Gegenseitigkeit und Verständnisinnigkeit gewahrt wird; aber wohlgemerkt, nur unter dieser Aristokratie der Jugend. Denn sowie einer die Grenze der besagten blühenden Jahre erreicht, wo die Männer anderer Städtlein etwa anfangen, erst recht in sich zu gehen und zu erstarken, so ist er in Seldwyla fertig; er muss fallen lassen und hält sich, wenn er ein ganz gewöhnlicher Seldwyler ist, ferner am Orte auf als ein Entkräfteter und aus dem Paradies des Kredites Verstoßener, oder wenn noch etwas in ihm steckt, das noch nicht verbraucht ist, so geht er in fremde Kriegsdienste und lernt dort für einen fremden Tyrannen, was er für sich selbst zu üben verschmäht hat, sich einzuknöpfen und steif aufrecht zu halten. [...]

Was aber zurückbleibt und am Orte alt wird, das lernt dann nachträglich arbeiten, und zwar jene krabbelige Arbeit von tausend kleinen Dingen, die man eigentlich nicht gelernt, für den täglichen Kreuzer, und die alternden verarmten Seldwyler mit ihren Weibern und Kindern sind die emsigsten Leutchen von der Welt, nachdem sie das erlernte Handwerk aufgegeben [...]. Aber immer sind sie im Ganzen zufrieden und munter, und wenn je ein Schatten ihre Seele trübt, wenn etwa eine allzu hartnäckige Geldklemme über der Stadt weilt, so vertreiben sie sich die Zeit und ermuntern sich durch ihre große politische Beweglichkeit, welche ein weiterer Charakterzug der Seldwyler ist. Sie sind nämlich leidenschaftliche Parteileute, Verfassungsrevisoren und Antragsteller [...]. Dabei lieben sie die Abwechselung der Meinungen und Grundsätze und sind stets den Tag darauf, nachdem eine Regierung gewählt ist, in der Opposition gegen dieselbe. [...]

Alles dies macht ihnen großen Spaß, der nur überboten wird, wenn sie allherbstlich ihren jungen Wein trinken, den gärenden Most, den sie Sauser nennen; wenn er gut ist, so ist man des Lebens nicht sicher unter ihnen, und sie machen einen Höllenlärm; die ganze Stadt duftet nach jungem Wein und die Seldwyler taugen dann auch gar nichts. Je weniger aber ein Seldwyler zu Hause was taugt, umso besser hält er sich sonderbarerweise, wenn er ausrückt, [...] wenn er nur erst aus dem warmen sonnigen Tale herauskam, wo er nicht gedieh. [...]«

In der Vorrede zum zweiten Teil des Zyklus, der mit »Kleider machen Leute« eröffnet wird, ergänzt und aktualisiert Keller die Charakterisierung von Seldwyla und seinen Einwohnern:

»Seit die erste Hälfte dieser Erzählungen erschienen, streiten sich etwa sieben Städte im Schweizerlande darum, welche unter ihnen mit Seldwyla gemeint sei; [...].

Während aber einige der Städte hartnäckig fortfahren, sich ihres Homers schon bei dessen Lebzeiten versichern zu wollen, hat sich mit dem wirklichen Seldwyla eine solche Veränderung zugetragen, dass sich sein sonst durch Jahrhunderte gleichgebliebener Charakter in weniger als zehn Jahren geändert hat und sich ganz in sein Gegenteil zu verwandeln droht.

Oder, wahrer gesagt, hat sich das allgemeine Leben so gestaltet, dass die besondern Fähigkeiten und Nücken der wackeren Seldwyler sich herrlicher darin entwickeln können, ein günstiges Fahrwasser, ein dankbares Ackerfeld daran haben, auf welchem gerade sie Meister sind und dadurch zu gelungenen, beruhigten Leuten

werden, die sich nicht mehr von der braven übrigen Welt unterscheiden.
Es ist insonderlich die überall verbreitete Spekulationsbetätigung [...], welche den Seldwylern ein Feld eröffnet hat, das für sie wie seit Urbeginn geschaffen schien und sie mit Einem Schlage tausenden von ernsthaften Geschäftsleuten gleichstellte.
Das gesellschaftliche Besprechen dieser Werte, das Herumspazieren zum Auftrieb eines Geschäftes, mit welchem keine weitere Arbeit verbunden ist, als das Erdulden mannigfacher Aufregung, das Eröffnen oder Absenden von Depeschen und hundert ähnliche Dinge, die den Tag ausfüllen, sind so recht ihre Sache. Jeder Seldwyler ist nun ein geborener Agent oder dergleichen [...].
Statt der ehemaligen dicken Brieftasche mit zerknitterten Schuldscheinen und Bagatellwechseln führen sie nun elegante kleine Notizbücher, in welchen die Aufträge in Aktien, Obligationen, Baumwolle oder Seide kurz notiert werden. [...]
Immer sind sie in Bewegung und kommen mit aller Welt in Berührung. Sie spielen mit den angesehensten Geschäftsmännern Karten und verstehen es vortrefflich, zwischen dem Ausspielen schnelle Antworten auf Geschäftsfragen zu geben oder ein bedeutsames Schweigen zu beobachten.
Dabei sind sie jedoch bereits einsilbiger und trockener geworden; sie lachen weniger als früher und finden fast keine Zeit mehr, auf Schwänke und Lustbarkeiten zu sinnen. [...]
Von der Politik sind sie beinahe ganz abgekommen, da sie glauben, sie führe immer zum Kriegswesen; als angehende Besitzlustige fürchten und hassen sie aber alle Kriegsmöglichkeiten, wie den baren Teufel [...]. [...] sie sehen, wie gesagt, schon aus wie andere Leute; es ereignet sich nichts mehr unter ihnen, was der beschaulischen Aufzeichnung würdig wäre, und es ist daher an der Zeit, in ihrer Vergangenheit und den guten lustigen Tagen der Stadt noch eine kleine Nachernte zu halten, welcher Tätigkeit die nachfolgenden weiteren fünf Erzählungen ihr Dasein verdanken.«

Zitiert nach: Gottfried Keller: Die Leute von Seldwyla. Herausgegeben von Thomas Böning. Frankfurt am Main: Deutscher Klassiker Verlag 1989, 2006, S. 11–14 und 283–285 (= Deutscher Klassiker Verlag im Taschenbuch. Band 10)

S. 7 Rebhuhnpastete eine teure Delikatesse; Ragout aus dem Fleisch von Rebhühnern (Feldhühnern), umgeben von einer zylinderförmigen Blätterteighülle

S. 8 Ei der Tausend »Der Tausend« ist »ein verdeckter Ausdruck für Teufel«: »Daß dich der Tausend! Der Tausend!« (Johann Christoph Adelung [1732–1806]: Grammatisch-kritisches Wörterbuch der Hochdeutschen Mundart [1774–1786, 2. Auflage: 1793–1801].) Im allgemeinen Sprachgebrauch wurde die heute veraltete Wendung als Ausruf des Erstaunens gebraucht.

Schnepfen Die Schnepfe ist ein »in Wäldern und sumpfigen Gegenden lebender größerer Vogel mit langen Beinen und langem, geradem Schnabel« (Duden Wörterbuch).

S. 11 Tischwein … guten Bordeaux Mit dem Tischwein ist offenbar der regionale Wein gemeint, während der aus Südwestfrankreich importierte Bordeaux als ›edlerer Tropfen‹ angepriesen wird.

S. 12 Kapitelsherren Weltgeistliche (d. h. keinem Mönchsorden angehörende katholische Geistliche), Mitglieder des Domkapitels (der Gemeinschaft der Domherren) einer Stiftskirche, die allgemein im Ruf standen, wenig zu leisten und viel zu genießen

S. 13 Schlesier Schlesien ist eine mitteleuropäische Region, die heute größtenteils im Staatsgebiet von Polen liegt, teilweise aber auch ins Tschechische und in den Osten Deutschlands hineinreicht.

Wenzel deutsche Form des tschechischen Namens ›Wenceslaw‹ (lat. ›Wenzeslaus‹: ›mehr Ruhm‹). Den deutschen Kolonisten in Osteuropa diente der Name verallgemeinernd als Bezeichnung für die zum Dienst gezwungenen Slawen, bedeutete hier also ›Knecht‹. Diese Bedeutung hat sich im Ausdruck ›scharwenzeln‹ (›sich liebedienerisch verhalten, sich übertrieben dienstbeflissen zeigen‹) erhalten.

Wanderbuch Die Handwerksgesellen, die meist einige Jahre auf Wanderschaft gingen, um berufliche Erfahrung zu sammeln und die Welt zu sehen, führten ein Wanderbuch mit, in das die jeweiligen Dienstherren ihre Einträge machten, welche später bei der Meisterprüfung mit herangezogen wurden. Während der Wanderschaft diente das Wanderbuch als eine Art von Personalausweis.

alten Tokaier … Champagner Der Tokaier ist ein ungarischer süßer Dessertwein; zusammen mit dem französischen Champagner signalisiert er den gehobenen Standard des Wirtshauses zur Waage.

Bocksbeutel Bocksbeutel heißen die bauchigen Weinflaschen, in denen traditionellerweise der fränkische Wein verkauft wird. Hier steht ›Bocksbeutel‹ für den vom Wirt bereits in einen Krug umgefüllten Frankenwein, den dieser also auch vorrätig hat.

S. 14 Stadtschreiber »derjenige […] Beamte des Stadtrathes, welcher die das gemeine [allgemeine] Wesen der Stadt betreffende öffentliche Verhandlungen verzeichnet, und das Protocoll über die vor dem Stadtrathe verhandelten Geschäfte führet« (Adelung)

Häberlin eventuell ein sprechender Name (›haben‹ und ›behäbig‹ klingen an) mit charakteristisch schweizerischer Endung

Co. Abkürzung für ›Companie‹ (Handelsgesellschaft)

Pütschli-Nievergelt ebenfalls wohl ein sprechender Name, der beziehungsreich (›Putsch‹, ›nie vergelten‹, ›Geld‹) auf das Kommende vorausdeutet

der Buchhalter … Melcher Böhni Ein Buchhalter führt die Geschäfts- und Rechnungsbücher eines Betriebs. Der Vorname ›Melcher‹ ist eine mundartliche Form des aus dem Hebräischen stammenden Namens ›Melchior‹, der ›König des Lichts‹ bedeutet. Ein ›Melcher‹ kann aber im Schweizerdeutschen auch schlicht ein ›Melker‹ sein. Der Nachname ›Böhni‹ lässt sich ebenfalls auf verschiedene Weise deuten: Das schweizerdeutsche ›Böhni‹ kann mit ›Bohne‹, ›Heuschober‹ und sogar ›Dünger‹ übersetzt werden.

Rocktaschen »Rock«: »Bey dem männlichen Geschlechte wird zuweilen die ganze obere Kleidung, mit Inbegriff der Weste, der

Rock genannt, in welchem Falle es aber nur im gemeinen Leben üblich ist, dagegen in der anständigern Sprechart dafür Kleid gebraucht wird. In engerer und gewöhnlicherer Bedeutung ist der Rock ein langes Oberkleid, so fern es von dem noch längern und weitern Mantel verschieden ist. (Chorrock, Priesterrock, Reitrock, Überrock, Regenrock, Schlafrock u. s. f.) [...] Im engsten Verstande ist der Rock das obere oder äußere Kleidungsstück eines Deutschen oder vielmehr Französischen Kleides, im Gegensatze der Weste.« (Adelung)

aus dem Stegreif von althochdeutsch ›stegareif‹: ›Steigbügel‹; die Bedeutung ›sofort, ohne lange zu überlegen, improvisiert‹ leitet sich demnach vom Bild eines Reiters her, der sich nicht die Zeit zum Absitzen nimmt (›noch im Steigbügel‹, ›ohne vom Pferd abzusteigen‹).

Polacken von polnisch ›polak‹: ›Pole‹; der abwertende Gebrauch der Bezeichnung ›Polacke‹ kam erst in späterer Zeit auf.

S. 15 Tabak aus Smyrna Smyrna ist der zeitgenössische Name der heutigen türkischen Stadt Izmir an der Ägäisküste. Im 19. Jahrhundert stand der Name der Stadt oft stellvertretend für den begehrten Tabak aus orientalischem Anbau.

ungefügen Zigarrenbengel Ein »Bengel« ist ein »Knüttel, Prügel, ein kurzes und starkes Holz« (Adelung); hier eine ironisierende Bezeichnung für eine besonders dicke und protzige Zigarre.

Pflanzerzigarre aus Virginien eine teure Zigarre von so guter Qualität, dass sie auch der Erzeuger selbst, der Tabakpflanzer in Virginia (USA), einem der bedeutendsten Tabakanbaugebiete der damaligen Zeit, mit Genuss rauchen würde

seinen neuen Wein, den roten Sauser junger Wein im Stadium der ersten Gärung (vgl. auch Seite 63). Die Bezeichnung »Sauser« wird im von Jacob und Wilhelm Grimm begründeten »Deutschen Wörterbuch« so erläutert: »in schweizer. mundarten wird ›susen‹ vom gähren des jungen mostes gebraucht; in demselben sinne auch ›sus‹, adj., während, und ›suser‹ für den most selbst.«

Jagdwagen »ein offener Wagen, auf welchem ein Herr zur Jagd fähret« (Adelung); hier allgemeiner: ein offener Wagen von leichter Bauart

S. 16 Husaren Husaren waren ursprünglich Reitersoldaten aus Ungarn, Rumänien oder den Staaten des Balkans, die auch als Söldner in den Armeen der europäischen Großmächte dienten. Mit der Zeit entwickelten sich die Husaren zu einer eigenen Truppengattung innerhalb der sogenannten leichten Kavallerie. Ihre Hauptwaffe waren die Lanze und später auch der Säbel, Pistolen und das kurzläufige Karabinergewehr. Sie saßen auf kleineren, wendigen Pferden und operierten in offener Formation. Ihre Uniform erinnerte an die ungarische Nationaltracht. Die Husaren standen im Ruf besonders draufgängerischer Tapferkeit.

fuhr in einem prächtigen Halbbogen auf Wendung aus der Kutscher- und Reitersprache: Die Kutsche nähert sich ihrem Ziel, indem sie einen eleganten Halbkreis beschreibt.

S. 17 Junker »ein aus junger Herr zusammengezogenes Wort. [...] Ehedem ein Ehrentitel der Prinzen und Söhne des Herrenstandes oder hohen Adels« (Adelung); in späterer Zeit vielfach auch in verächtlichem Sinn als Bezeichnung für einen Adligen, der, abgesehen von seiner vornehmen Geburt, keine Verdienste vorzuweisen hat

Putsch Im Schweizerdeutschen bedeutete »Putsch« (›bütsch‹) lange Zeit ›heftiger Stoß, Zusammenprall, Knall‹ und erst später auch im übertragenen Sinne ›Volksauflauf, Aufstand‹; hier schwingen beide Bedeutungen, die ältere und die neuere, mit.

Praga oder Ostrolenka Anspielung auf den Freiheitskampf der Polen gegen Russland, der in Westeuropa in der Phase der Restauration in allen liberal gesinnten Kreisen mit großer Anteilnahme verfolgt wurde. Im Wiener Kongress war Polen neu aufgeteilt worden. Ein Teil fiel an Preußen und wurde zur preußischen Provinz Posen. Der Rest Polens, das sogenannte Kongresspolen, wurde als »Königreich Polen« in Personalunion mit dem Russischen

Zarenreich verbunden, geriet also de facto unter russische Herrschaft. Ostrolenka ist eine Stadt im Großraum Warschau, bei der die aufständischen Polen am 26. Mai 1831 eine vorentscheidende Niederlage gegen die russischen Truppen erlitten. Praga ist ein Stadtteil der Hauptstadt Warschau, die die Russen im September 1831 nach schweren Gefechten besetzten.

S. 19 Akazien Die Akazie ist ein Baum oder Strauch mit gefiederten Blättern und kugelförmigen Blüten, der vor allem in südlichen Gegenden als Straßenbepflanzung beliebt ist.

S. 20 Wildfänge eigentlich: ›eingefangene wilde Tiere‹; hier allgemeiner: ›wilde, übermütige junge Leute‹

S. 21 Desna … Weichsel Würde man die beiden Flüsse Desna und Weichsel als natürliche Grenzen Polens (das im Laufe seiner Geschichte viele Revisionen seiner Außengrenzen und damit seines Territoriums erdulden musste) ansehen, so wäre Wolhynien (vgl. die übernächste Erläuterung) das Kerngebiet des polnischen Staats.

dieses Saumensch In Adelungs Artikel zu »Das Mensch« heißt es: »In engerer Bedeutung, eine geringe Person weiblichen Geschlechtes, im verächtlichen Verstande. Ein armes Mensch. Ein böses, zanksüchtiges Mensch. Ein Frauensmensch, Weibsmensch. Besonders eine zu geringen Diensten verpflichtete weibliche Person, eine Magd […]; doch auch nur in der harten und verächtlichen Sprechart. Ein Dienstmensch, Küchenmensch, Kindermensch, Stubenmensch. […] In noch verächtlicherm Verstande pflegt man eine Hure in manchen Gegenden nur ein Mensch zu nennen; wo es zugleich ein Schimpfwort ist, welches auf Anbringen des Klägers gerichtlich geahndet wird«.

Wolhyniens Wolhynien ist eine Region im Nordwesten der heutigen Ukraine. Ab dem letzten Drittel des 16. Jahrhunderts gehörte Wolhynien zum polnisch-litauischen Staat, bis 1793, im Zuge der sogenannten zweiten polnischen Teilung, der Osten der Region und 1795 (bei der dritten polnischen Teilung) auch der Rest Wolhyniens an Russland fiel.

S. 22 ein Opfer politischer oder der Familienverfolgung Die erste Möglichkeit, dass der vermeintliche polnische Graf ein Opfer politischer Verfolgung sei, spielt wieder auf den Freiheitskampf der Polen gegen die russische Fremdherrschaft an. Die zweite Möglichkeit, dass der Fremde vor seiner Familie auf der Flucht sei, lässt Strapinski noch geheimnisumwobener erscheinen: Geht es um eine unstandesgemäße Liebschaft oder um einen Erbstreit? Verleugnet die Familie den Revolutionär und Patrioten, um die Russen von ihrer politischen Loyalität zu überzeugen und sich vor Vergeltungsmaßnahmen zu sichern? All diese Spekulationen tauchen Strapinski in ein heroisches und romantisches Licht.

S. 24 Da hieß es: Die folgenden Häusernamen existierten zu Kellers Zeit auch in Zürich. So gab es, um ein Beispiel herauszugreifen, in Zürich nicht nur ein ›Haus zum Kämbel‹, sondern auch eine ›Zunft zum Kämbel‹ und eine ›Kämbelgasse‹.

Garn haspelte »Das Garn haspeln, es von der Spule auf den Haspel bringen« (Adelung)

Böttcher Ein Böttcher stellte Fässer her (vgl. auch Z. 32 f.). Der Name leitet sich von der noch heute geläufigen Bezeichnung ›Bottich‹ (›großes Fass‹) ab.

S. 25 Schuldenschreiber Die Eintreibung von Schulden, der sogenannte Rechtstrieb, unterstand im Kanton Zürich dem Schuldenschreiber, »in dessen Auftrag die ›Botten‹ oder ›Rufe‹ den Schuldnern auf der Landschaft überbracht wurden. Letztere hatten die enormen Kosten für diese Zahlungsaufforderungen zu tragen.« (Barbara Weinmann: Eine andere Bürgergesellschaft. Klassischer Republikanismus im Kanton Zürich im späten 18. und 19. Jahrhundert. Göttingen: Verlag Vandenhoeck & Ruprecht 2002, S. 238)

zur Camelia Die Kamelie ist eine ostasiatische Zierpflanze. Sie steht hier wohl für einen exotischen Anstrich einer ansonsten bürgerlich-prosaischen Existenz.

ein schönes Weibergut Gemeint ist die Mitgift, das Vermögen, das die Frau in die Ehe mitbringt.

S. 26 gleich dem Jüngling am Scheidewege In der Sagenwelt des antiken Griechenland gelangt der junge Herakles an den später sprichwörtlich gewordenen Scheideweg und muss sich entscheiden, ob er den entbehrungsreichen Weg der Tugend oder den bequemen des Luxus beschreiten will. Er wählt schließlich den tugendhaften Weg.
Kreuzstraße Die Bezeichnung ›Kreuzstraße‹ ruft neben der wörtlichen Bedeutung ›Straßenkreuzung‹ auch den Nebensinn ›Kreuzweg‹ und damit die Erinnerung an die Leiden Jesu Christi auf.

S. 27 Nun war der Geist in ihn gefahren. Auch hier wählt Keller eine Formulierung, die Strapinskis Wandel vom fremdbestimmten Opfer eines Missverständnisses zum selbstbestimmten Subjekt in biblische Bezüge rückt: Zum einen erinnert die Formulierung an die im Matthäus- sowie im Markus-Evangelium geschilderten Heilungen Besessener (vgl. Matthäus 8,28–34, und Markus 5,1–20), zum anderen an die Ausgießung des Geistes, etwa bei der Taufe Jesu: »Und alsbald, als er aus dem Wasser stieg, sah er, dass sich der Himmel auftat und der Geist wie eine Taube herabkam auf ihn.« (Markus 1,10)
Romanes Im älteren Sprachgebrauch versteht man unter einem Roman »im weitesten Verstande, eine jede erdichtete, wunderbare Geschichte« (Adelung).

S. 28 Gulden Im Ursprung eine italienische (florentinische) Goldmünze aus dem 13. Jahrhundert; später eine fast überall in Europa als Zahlungsmittel verbreitete (Silber-)Münze. In Zürich wurde ab 1510 ein eigener (Gold-)Gulden geprägt.

S. 29 Wechsel Ein Wechsel ist ein »Papier (schuldrechtliches Wertpapier), in dem der Aussteller sich selbst oder einen Dritten zur Zahlung einer bestimmten Summe in einem bestimmten Zeitraum verpflichtet« (Duden Wörterbuch).

S. 30 einen großen Pianisten Zu denken ist hier wohl an den Polen Frédéric Chopin (1810–1849) oder den Ungarn Franz Liszt (1811 bis 1886); beide waren nicht nur große Pianisten, sondern auch bedeutende Komponisten. Während Franz Liszt nicht nur durch seine Virtuosität (die oft mit der des ›Teufelsgeigers‹ Nicolò Paganini in Parallele gesetzt wurde), sondern auch durch sein genialisches (und später priesterhaftes) Auftreten faszinierte, bot der immer kränkelnde Chopin (der wie Gottfried Kellers Strapinski großen Wert auf seine Kleidung legte) eine Projektionsfläche für eher sentimentale Träumereien.

aus einem silbernen Döschen schnupft Das Konsumieren von fein gemahlenem Tabak durch die Nase war seit dem 17. Jahrhundert in der europäischen Adelswelt verbreitet. Später kam die Schnupftabakdose auch unter Bürgerlichen als vermeintliches Zeichen von Vornehmheit und verfeinerter Lebensart in Mode.

S. 31 Um diese Zeit geschah es Keller wählt hier wiederum eine Formulierung, die an den Erzählton der Bibel erinnert und der Geschichte Wenzel Strapinskis damit, halb ironisch, eine höhere Weihe verleiht; vgl. besonders den Beginn der Weihnachtsgeschichte, Lukas 2, 1: »Es begab sich aber zu der Zeit [...]«.

S. 32 der Jakobsbrunnen Der Jakobsbrunnen findet sich in Palästina, nordwestlich des Berges Garizim. Der Legende nach hat ihn der biblische Jakob selbst gegraben und angelegt.

der Teich Bethesda vgl. Johannes 5, 2–16: »Es ist aber in Jerusalem beim Schaftor ein Teich, der heißt auf hebräisch Betesda [›Haus der Barmherzigkeit‹]. Dort sind fünf Hallen; / in denen lagen viele Kranke, Blinde, Lahme, Ausgezehrte. Sie warteten darauf, dass sich das Wasser bewegte. / Denn der Engel des Herrn fuhr von Zeit zu Zeit herab in den Teich und bewegte das Wasser. Wer nun zuerst hineinstieg, nachdem sich das Wasser bewegt hatte, der wurde gesund, an welcher Krankheit er auch litt. / Es war aber dort ein Mensch, der lag achtunddreißig Jahre krank. / Als Jesus den liegen sah und vernahm, dass er schon so lange gelegen hatte, spricht er zu ihm: Willst du gesund werden? / Der Kranke antwortete ihm: Herr, ich habe keinen Menschen, der mich in den Teich bringt, wenn das Wasser sich bewegt; wenn ich aber hinkomme, so steigt ein anderer vor mir hinein. / Jesus spricht zu ihm:

Steh auf, nimm dein Bett und geh hin! / Und sogleich wurde der Mensch gesund und nahm sein Bett und ging hin. Es war aber an dem Tag Sabbat. / Da sprachen die Juden zu dem, der gesund geworden war: Es ist heute Sabbat; du darfst dein Bett nicht tragen. / Er antwortete ihnen: Der mich gesund gemacht hat, sprach zu mir: Nimm dein Bett und geh hin! / Da fragten sie ihn: Wer ist der Mensch […]? / Der aber gesund geworden war, wusste nicht, wer es war; denn Jesus war entwichen, da so viel Volk an dem Ort war. / Danach fand ihn Jesus im Tempel und sprach zu ihm: Siehe, du bist gesund geworden; sündige hinfort nicht mehr, dass dir nicht etwas Schlimmeres widerfahre. / Der Mensch ging hin und berichtete den Juden, es sei Jesus, der ihn gesund gemacht habe. / Darum verfolgten die Juden Jesus, weil er dies am Sabbat getan hatte.«

S. 33 Flittergoldes Als Flittergold (auch Knittergold oder Rauschgold) bezeichnet man sehr dünne Messingfolien, die goldähnlich glänzen.

Gazegewänder Gaze ist ein lose gewebter, durchsichtiger Stoff aus Seide oder Baumwolle.

S. 35 Carbonarimantel Mantel, wie er von den Angehörigen des italienischen Geheimbundes der ›Carbonari‹ (›Köhler‹) getragen wurde, die seit Ende des 18. Jahrhunderts für eine Befreiung Italiens von der (zunächst französischen, dann österreichischen) Fremdherrschaft und für die Errichtung einer Republik kämpften.

S. 36 Troddeln Troddeln galten »in der literatur der nachnapoleonischen zeit als kennzeichen polnischer kleidung« (J. und W. Grimm, Deutsches Wörterbuch).

Wasserpolacken eine seit dem 18. Jahrhundert gängige Bezeichnung für die in Schlesien lebenden Polen (ursprünglich wohl nur für die dortigen polnischen Oderflößer) (vgl. auch Seite 67)

S. 38 Fenstergesimse Ein Gesims ist eigentlich ein fensterbrettartiges Bauteil an der Außenseite eines Gebäudes, das der optischen Gliederung der Fassade dient. – Auf Seite 41 (Z. 26) findet sich die abweichende Form ›Fenstersimse‹.

S. 39 den Kelch »Am üblichsten ist dieses Wort von den in den Kirchen üblichen gemeiniglich metallenen Trinkgeschirren dieser Art, woraus den Communicanten der gesegnete Wein gereichet wird.« (Adelung)

S. 40 tolle »toll«: »ein Wert, in welchem der Begriff einer Art eines ungestümen Geräusches der herrschende zu seyn scheinet. Es bedeutet überhaupt, ein solches ungestümes betäubendes Geräusch verursachend und darin gegründet. 1. Im weitesten Verstande, wo man es im gemeinen Leben noch in allen den Fällen gebraucht, wenn jemand ohne Noth ein betäubendes Geräusch verursacht, es geschehe aus welcher Bewegungen es wolle. Ein toller Mensch. Ein toller Lärm. In den gemeinen Sprecharten mancher Gegenden hat man auch das Zeitwort tollen, einen betäubenden Lärmen verursachen.« (Adelung)

S. 43 wohl geschnürt Zu denken ist hier nicht an die weibliche Schnürbrust, das den Körper modellierende Mieder: »Die Schnürbrust lockerer schnüren. Daher in engerer Bedeutung sich schnüren bey dem andern Geschlechte so viel ist, als eine Schnürbrust oder ein Schnürleib tragen; geschnürt gehen.« (Adelung) In Bezug auf Strapinski meint »wohl geschnürt« lediglich: ›sorgfältig angezogen‹.

S. 48 Vorstellungen »In der vorletzten Bedeutung des Zeitwortes ist die Vorstellung eine Rede, wodurch man bey jemanden eine thätige Erkenntniß der Umstände und Folgen einer Handlung zu bewirken sucht. Jemanden die nachdrücklichen Vorstellungen thun. Alle Vorstellungen waren fruchtlos. Ich habe ihm alle mögliche Vorstellungen gethan.« (Adelung)

S. 49 beweglich »[…] 2) Was andere zu bewegen fähig ist, rührend, in der zweyten figürlichen Bedeutung des Verbi, doch nur im gemeinen Leben. Einen beweglich bitten. Ich habe ihn sehr beweglich ermahnet. Eine bewegliche Rede.« (Adelung)

S. 51 des Menschen Wille ist sein Himmelreich Redensart, die auf den deutschen Schriftsteller und Bibliothekar Johann Jakob Wilhelm Heinse (1746–1803) zurückgeht

S. 54 Austrag »Die Handlung des Austragens, so fern dieses Wort entscheiden bedeutet, die Entscheidung einer zweifelhaften Sache, besonders eine gerichtliche Entscheidung, [...] bis zum Austrag der Sache, nach Austrag der Sache« (Adelung).

als ob Seldwyla ein neues Troja werden sollte Der Trojanische Krieg, von dem Homers »Ilias« berichtet, entzündet sich an der Entführung Helenas, der Frau des Königs von Sparta Menelaos, durch Paris, den Sohn des Königs von Troja. – Keller spielt auch in der Vorrede zum zweiten Teil der »Leute von Seldwyla« auf die »Ilias« an, indem er bemerkt, verschiedene Schweizer Städte hätten nach dem Erscheinen des ersten Teils des Novellenzyklus den Anspruch erhoben, das reale Vorbild Seldwylas zu sein, und somit den Versuch unternommen, ihn zu ihrem Homer zu machen (vgl. Seite 63).

S. 55 bösen Leumunds »[...] 2) In engerer Bedeutung, das allgemeine Gerücht, die allgemeine Meinung von jemandes moralischen Beschaffenheit; der Ruf. In einem guten, in einem bösen Leumunde seyn. 3) In noch engerer Bedeutung, der gute Ruf, der gute Nahme, im Gegensatze des Unleumund. Jemandes Leumund kränken.« (Adelung)

Zeugnisse »Zeugniß«: »1. In der engsten Bedeutung, die Bekräftigung der Aussage eines andern vermöge seiner eigenen Erfahrung; in welchem Verstande das Zeugniß mehr als Aussage ist, und eine Vergleichung zweyer Aussagen erfordert. Sich auf jemandes Zeugniß berufen. [...] Ein falsches Zeugniß ablegen. Ein Zeugniß der Wahrheit von jemanden fordern. 2. In weiterer Bedeutung, die feyerliche Aussage dessen, was man in Ansehung der moralischen Beschaffenheit eines andern für wahr hält. Jemanden ein gutes, ein rühmliches, ein schlechtes Zeugniß geben, ihm ein Zeugniß des Fleißes, des Wohlverhaltens geben.« (Adelung)

S. 56 die Strapinska humoristische Nachahmung der im slawischen Sprachraum üblichen Bezeichnung der Ehefrau durch das Anhängen der Nachsilbe ›a‹ an den Nachnamen des Ehemannes

Stüber volkstümliche Bezeichnung für eine Münze von sehr geringem Wert, die vom 15. Jahrhundert an am Niederrhein und in Norddeutschland in Umlauf war; die Wendung ›nicht einen Stüber‹ wurde auch im Sinne von ›überhaupt nichts‹ gebraucht.

Leben und Werk im Überblick

Zürich, 1819–1840

Gottfried Kellers Eltern stammen aus dem Dorf Glattfelden im Zürcher Unterland. Der Vater, Hans Rudolf Keller, ist Drechsler und verbringt die ersten Jahren seines Berufslebens auf Wanderschaft, die ihn bis nach Wien führte. Die Mutter, Elisabeth Keller, geborene Scheuchzer, stammt aus einer Arztfamilie. Sie ist fast vier Jahre älter als der Vater. Nach der Heirat im Jahr 1817 zieht das Paar in die Kantonshauptstadt. Dort wird am 19. Juli **1819** als erstes Kind der Sohn Gottfried geboren. Der Vater hat beruflichen Erfolg und engagiert sich politisch. Sein besonderes Interesse gilt Schul- und Erziehungsfragen. **1822** kommt ein zweites Kind, Gottfrieds Schwester Regula, zur Welt. Vier weitere Kinder sterben in den Jahren bis 1825 bereits im Kleinkindalter. Der schwerste Schlag ist aber der Tod des Vaters. Er erliegt **1824** im Alter von nur 33 Jahren der Lungenschwindsucht.

Das Vermögen der Familie besteht im Wesentlichen aus einem Wohnhaus, in das nun Untermieter aufgenommen werden. **1826** geht die Mutter eine zweite Ehe ein. Sie heiratet Hans Heinrich Wild, den ehemaligen ersten Gesellen ihres Mannes. Die Ehe ist jedoch nicht glücklich und wird 1834 wieder geschieden.

Gottfried besucht zunächst die Armenschule und ab **1831** das »Landknabeninstitut«. Er zeigt Interesse am Schreiben und verfasst kleinere Stücke fürs Puppentheater. **1833** wechselt er auf die neugegründete Industrieschule des Kantons Zürich über, von der er aber nur ein Jahr später, als angeblicher Rädelsführer eines Schülerstreichs gegen einen unbeliebten Lehrer, wieder verwiesen wird. Dieser Schulverweis beendet Kellers Schullaufbahn und bildet, nach dem Tod des Vaters, den zweiten Schicksalsschlag seiner Kindheits- und Jugendjahre. Fürs Erste bleibt er sich weitgehend selbst überlassen und bildet sich auf eigene Faust unsystematisch weiter. Ab September **1834** geht er dann bei dem Lithographen (Hersteller von Farbdrucken) Peter Steiger in die Lehre, der ihn aber in seinem Wunsch, Landschaftsmaler zu werden, nicht recht fördern kann. Keller verfertigt Landschaftsbildchen, die vervielfältigt und an Touristen verkauft werden können. Ab **1837** erhält er professionellen Unterricht bei dem Maler Rudolf Meyer. Aufgrund der rasch voranschreitenden geistigen Verwirrung des Lehrers muss dieser Unterricht aber schon nach wenigen Monaten wieder abgebrochen werden.

Diese Erfahrungen und die Unsicherheit, ob sein künstlerisches Talent ausreiche, lassen Keller mehr und mehr an seiner etwas zufälligen Berufswahl zweifeln. Gleichwohl bleibt er vorerst beim Malen und geht im April **1840** nach München, um dort seine Ausbildung abzuschließen.

München, 1840–1842

Seit der Thronbesteigung König Ludwigs I. (1786–1868) im Jahre 1825 hat sich München zu einem Zentrum der bildenden Künste entwickelt. Weil es Keller jedoch an Geld fehlt, bleibt er am Rande des Kunstbetriebs und kann kein geregeltes Studium absolvieren. Er schließt sich an einige Landsleute an, beweist im geselligen Zusammensein seine Trinkfestigkeit, häuft Schulden an und wird dabei von schlechtem Gewissen gegenüber der Mutter und der Schwester geplagt, die sich in allem einschränken, um ihm den Auslandsaufenthalt, den er so wenig zu nutzen weiß, zu ermöglichen. Nach zweieinhalb Jahren kehrt er im November **1842** erfolglos nach Hause zurück, nachdem er in den letzten Monaten seiner Münchner Zeit oft hat Hunger leiden müssen.

Zürich, 1842–1848

In den 1840er-Jahren leben in Zürich zahlreiche republikanisch oder gar sozialistisch gesinnte Intellektuelle und Schriftsteller aus Deutschland, die in ihren Heimatstaaten aufgrund ihrer politischen Gesinnungen unerwünscht sind oder aktiv verfolgt werden. Zu ihnen gehört der aus Stuttgart stammende Georg Herwegh (1817–1875), einer der bekanntesten Dichter politischer Lyrik des sogenannten Vormärz, der Jahre des anschwellenden Protests gegen die rückständigen politischen Verhältnisse, in dem sich die Revolution von 1848 vorbereitet. **1843** gibt Keller die Malerei auf und beginnt selbst politische Lyrik zu verfassen. Daneben entstehen politische und literaturkritische Aufsätze. Auch als Dramatiker versucht er sich, dies jedoch ohne Erfolg. Seine Gedichte finden Anklang. Er schließt zahlreiche neue Bekanntschaften, so mit dem aus Detmold stammenden Dichter Ferdinand Freiligrath (1810–1876), der 1845 in die Schweiz ausweicht und in dessen Schwägerin Marie Melos (1820–1888) sich Keller verliebt, ohne dass diese Liebe erwidert wird. Keller ist von auffallend kleiner Gestalt, dazu recht kurzbeinig. Auch sein etwas unberechenbares Temperament wirkt auf manche abschreckend. Er hat kein Glück bei Frauen, zumal er sich vorzugsweise in schöne, hochgewachsene, selbstbewusste Frauen verliebt. So bleibt Keller zeitlebens Junggeselle.

Die Schweiz ist in jenen Jahren selbst in politischem Aufruhr. Da die liberalen Kräfte, denen auch Kellers Sympathie gilt, eindeutig auf dem Vormarsch sind, schließen sich die Kantone, in denen die Konservativen noch den Ton angeben, zu einem »Sonderbund« zusammen. 1847 bricht ein regelrechter Bürgerkrieg aus, den die Liberalen jedoch schnell für sich entscheiden. Keller engagiert sich in diesen Auseinandersetzungen nicht nur symbolisch, durch Gedichte und Aufsätze, sondern auch ganz handfest: **1844** und **1845** nimmt er an zwei Freischarenzügen gegen Luzern teil, die aber kläglich scheitern und insgesamt im politischen und kriegerischen Hin und Her der Zeit nur eine unbedeutende Rolle spielen.

1846 veröffentlicht Keller sein erstes Buch, einen Band mit politischer Lyrik, Natur- und Liebesgedichten, dessen Titel schlicht »Gedichte« lautet. **1847** verliebt er sich in Luise Rieter aus Winterthur und macht ihr einen Heiratsantrag, wird aber zurückgewiesen.

1848, nach der Niederwerfung des »Sonderbunds«, entsteht in der Schweiz ein effizient durchorganisierter, liberal geprägter Bundesstaat. Keller begrüßt diesen neuen Staat enthusiastisch; und auch der Staat selbst zeigt sich Keller gewogen. Der nach wie vor ohne geregeltes Einkommen dastehende, weiterhin auf die Unterstützung der Mutter angewiesene fast dreißigjährige Patriot und Dichter erhält vom Kanton Zürich ein Stipendium, um im Ausland seine Bildung zu vertiefen.

Heidelberg, 1848–1850

Keller geht zunächst nach Heidelberg, wo er an der Universität Vorlesungen hört. Die wichtigste Begegnung dieser Zeit ist jedoch die mit dem Philosophen Ludwig Feuerbach (1804–1872), der im Herbst **1848** auf Einladung studentischer Kreise von Frankfurt – wo er zuvor als Beobachter das Scheitern des Paulskirchenparlaments verfolgt hatte – nach Heidelberg herüberkommt, um dort seine 1846 erschienene Schrift »Das Wesen der Religion« vorzustellen. Da die Universitätsleitung sich weigert, ihn seine religionskritischen Überzeugungen in der Aula der Universität vortragen zu lassen, liest er im Rathaussaal, vor etwa 250 Zuhörern, unter ihnen Gottfried Keller. Für Keller gleicht die Bekanntschaft mit Feuerbachs Gedanken einem Erweckungserlebnis. Feuerbach bestritt die Existenz eines Jenseits, eines Lebens nach dem Tode, und deutete alle Vorstellungen von Göttlichkeit als Projektionen, also als Übertragungen menschlicher Hoffnungen, Wünsche und Ängste auf ein bloß in der Einbildung existierendes Wesen. Statt die Vollkommenheit Gottes zu preisen, zerknirscht die eigene Sündhaftigkeit zu betonen und auf das Jenseits zu hoffen, solle der Mensch danach trachten, selbst Vollkommenheit zu erreichen und bereits das Diesseits zu einem Ort der Erfüllung zu machen. Dieses Programm leuchtet Keller vollkommen ein und wird von nun an auch zum Leitmotiv seiner Dichtung. Bedenken, dass »mit dem Aufgeben der sogenannten religiösen Ideen alle Poesie und erhöhte Stimmung aus der Welt« zu verschwinden drohten, weist er entschieden zurück und versichert: »Im Gegenteil! Die Welt ist mir unendlich schöner und tiefer geworden, das Leben ist wertvoller und intensiver, der Tod ernster, bedenklicher und fordert mich nun erst mit aller Macht auf, meine Aufgabe zu erfüllen und mein Bewusstsein zu reinigen und zu befriedigen, da ich keine Aussicht habe, das Versäumte in irgendeinem Winkel der Welt nachzuholen« (Brief an Wilhelm Baumgartner vom 27. März 1851).

Auch in Heidelberg verliebt sich Keller unglücklich, und zwar in Johanna Kapp (1825–1871), die Tochter des ehemaligen Philosophieprofessors und demokratisch gesinnten Politikers Christian Kapp, eine begabte Malstudentin, die auf dem Sprung steht, ihrem Lehrer Bernhard Fries nach München zu folgen. Seit 1841 ist sie in ein leidenschaftliches Liebesverhältnis mit Ludwig Feuerbach verstrickt gewesen, der die Beziehung 1846, mit Rücksicht auf seine Frau und seine Tochter, beendet hat. 1847 bewirbt sich August Heinrich Hoffmann von Fallersleben (1798–1874), der Dichter der späteren deutschen Nationalhymne, vergeblich um ihre Hand. Nun, zwei Jahre später, weist sie auch Keller zurück.

Berlin, 1850–1855

Von Heidelberg aus geht Keller im April **1850** nach Berlin, wo er die nächsten fünfeinhalb Jahre verbringt. Die Hoffnung, als Bühnenautor Fuß zu fassen, erfüllt sich nicht. Stattdessen entsteht, in langwieriger mühevoller Arbeit, der umfangreiche Roman »Der grüne Heinrich«, in dem Keller autobiographische Erfahrungen und Krisen – vor allem die Kinder- und Jugendjahre sowie die Zeit in München – als Bildungsgeschichte gestaltet. Nebenher entstehen weitere Gedichte, die bereits **1851** in dem Band »Neue Gedichte« gesammelt erscheinen. Eine erweiterte zweite Auflage kommt **1854** heraus. Zudem schreibt Keller, als zeitweilige Entlastung von der Arbeit an dem großen Roman, mit vergleichsweise leichter Hand fünf Novellen – darunter »Romeo und Julia auf dem Dorfe« –, die **1856** als erster Band der »Leute von Seldwyla« veröffentlicht werden, und notiert Ideen und Entwürfe zu weiteren Erzählungen. Er verkehrt im Haus des Schriftstellers und ehemaligen Diplomaten Karl August Varnhagen von Ense (1785–1858), einem der wichtigsten Zeitzeugen und Chronisten der ersten Hälfte des 19. Jahrhunderts, sowie im Kreis des Verlegers Franz Duncker und seiner Frau Lina. **1855** verliebt er sich in deren Schwester Betty Tendering, findet aber wiederum keine Gegenliebe. **1854** erscheinen die ersten drei Bände des »Grünen Heinrich«, **1855** der abschließende vierte. Das mehrfach verlängerte staatliche Stipendium ist mittlerweile ausgelaufen und Keller leidet wieder verstärkt materielle Not. Immerhin hat er sich in der Berliner Zeit als Schriftsteller einen Namen gemacht. Er hat nun etwas vorzuweisen und muss nicht mehr fürchten, als gescheiterter Mensch, als »verkommenes Subjekt«, wie er Jahre zuvor noch selbst formuliert hatte, dazustehen. Entsprechend ist er selbstbewusst genug, das Angebot einer Stelle als Dozent (Lehrbeauftragter) für Literatur und Kunstgeschichte am neugegründeten Zürcher Polytechnikum (technische Hochschule) auszuschlagen.

Zürich, 1855–1890

Ende **1855** kehrt Keller zu Mutter und Schwester nach Zürich zurück. Die folgenden Jahre verlaufen enttäuschend: Weder findet sich für ihn eine Tätigkeit mit einem regelmäßigen Einkommen, noch kann er an die literarische Produktivität der Berliner Jahre anknüpfen. Neben einigen Festgedichten zu offiziellen Anlässen wird nur die Erzählung »Das Fähnlein der sieben Aufrechten« (1861) – eine Auftragsarbeit für den »Deutschen Volkskalender« des schwäbischen Heimaterzählers Berthold Auerbach (1812–1882) – fertig, die jedoch entscheidend zum Ruhm Kellers als Schweizer Nationaldichter beiträgt.

Auf die Anfänge dieses Ruhms ist es wohl auch zurückzuführen, dass Keller **1861** zum Ersten Staatsschreiber des Kantons Zürich gewählt wird. Die Wahl kommt für ihn völlig überraschend, zumal er sich selbst gar nicht um das Amt beworben hat. Mit 42 Jahren wird er von einem Moment auf den anderen auf einen verantwortungsvollen Posten gerückt und nimmt einen ehrenvollen Platz im Gemeinwesen ein. Die Jahre des randständigen Daseins und der materiellen Unsicherheit gehören nun der Vergangenheit an. Er hat die Staatskanzlei zu leiten, Gesetze und Verordnungen zu redigieren, eine umfangreiche offizielle Korrespondenz zu führen und zahlreiche Protokolle zu staatlichen Angelegenheiten zu verfassen. Diese Arbeit füllt ihn für die nächsten zehn Jahre so aus, dass das literarische Schaffen notwendigerweise in den Hintergrund tritt.

Kellers Mutter hat seine Wahl zum Staatsschreiber noch miterlebt. Sie stirbt **1864**. Von nun an führt die Schwester den Zweipersonenhaushalt. Zwar kommt es **1866** zu einer Verlobung zwischen Keller und Luise Scheidegger, doch die 23-jährige ehemalige Waise ist psychisch labil und nimmt sich noch im gleichen Jahr das Leben. So bleibt es bei der geschwisterlichen Lebensgemeinschaft von Gottfried und Regula Keller.

Ab **1870** beginnt Keller wieder schriftstellerisch produktiv zu werden. Manches, was sich über einen langen Zeitraum innerlich vorbereitet hat bzw. in Bruchstücken entstanden ist, wird nun niedergeschrieben bzw. fertiggestellt. So können in schneller Folge wichtige Werke erscheinen: **1872** die »Sieben Legenden«, ein weiterer Zyklus von Novellen, **1873/1874** der zweite Teil der »Leute von Seldwyla«, der wieder aus fünf Novellen besteht und mit »Kleider machen Leute« eröffnet wird, Ende **1877** schließlich die beiden Bände der »Züricher Novellen« (Band 1: »Hadlaub«, »Der Narr auf Manegg« und »Der Landvogt von Greifensee«; Band 2: »Das Fähnlein der sieben Aufrechten« und »Ursula«). Die meisten Werke Kellers erscheinen nun vor der Buchveröffentlichung als Zeitschriftenvorabdrucke, vor allem – wie etwa auch einige Romane Theodor Fontanes – in der angesehenen »Deutschen Rundschau« (Berlin), was gute Einnahmen bringt und es Keller ermöglicht, **1876**, nach anderthalb Jahrzehnten, sein Staatsschreiberamt aufzugeben und fortan als freier Schriftsteller zu leben. Zwischen **1878** und **1880** arbeitet Keller seinen Roman, den »Grünen Heinrich«, um, der nun ganz aus der Ich-Perspektive erzählt ist und nicht mehr tragisch, mit dem Scheitern und Tod des

Protagonisten, sondern versöhnlich, mit seiner erfolgreichen Eingliederung in die Gesellschaft, endet. Diese Zweitfassung erscheint **1879/1880**. **1881** kommt eine weitere Folge von Erzählungen heraus; sie sind in eine Rahmenhandlung eingebettet und tragen den Titel »Das Sinngedicht«.

Mit dem literarischen Ruhm, der sich auch in der **1874** verliehenen Ehrendoktorwürde der Universität Zürich dokumentiert, wächst Kellers Bekannten- und Freundeskreis. Im Wirtshaus und im Weinlokal sitzt er nun nicht mehr allein, sondern umgeben von Freunden und Anhängern. Der norddeutsche Lyriker und Novellist Theodor Storm (1817–1888) wird ein wichtiger Briefpartner der späten Jahre. Tiefe persönliche Freundschaft verbindet Keller mit seinem Landsmann Arnold Böcklin (1827–1901), einem bedeutenden Maler.

Im letzten Lebensjahrzehnt, ab **1880**, beginnen Kellers künstlerische Kräfte nachzulassen. **1883** erscheinen seine »Gesammelten Gedichte«. Das letzte größere Werk Kellers ist der zweite Roman »Martin Salander« (**1886**), der aber nie die Popularität des »Grünen Heinrich« erlangte. **1888** stirbt Kellers Schwester Regula, die schon seit Längerem kränklich war. Im folgenden Jahr wird Kellers 70. Geburtstag mit vielen Feierlichkeiten und von nah und fern eintreffenden Glückwünschen begangen. Der Berliner Verleger Wilhelm Herz bringt zu diesem Anlass eine zehnbändige Ausgabe der »Gesammelten Werke« Kellers heraus. **1890** verschlechtert sich Kellers Gesundheit. Während seiner letzten Krankheit berichten die Feuilletons der wichtigen deutschsprachigen Zeitungen fast täglich über das Befinden des Dichters. Kurz vor seinem 71. Geburtstag stirbt Keller am 15. Juli 1890 in seiner Heimatstadt.

Westermann Schroedel Diesterweg
Schöningh Winklers GmbH, Braunschweig
www.schroedel.de

Druck A 1 / Jahr 2016
Alle Drucke der Serie A sind im Unterricht parallel verwendbar.
Bildnachweis: S. 2 (Porträt Gottfried Kellers):
wikimedia.commons / Parpan 05

Redaktion, Satz, Erläuterungen und ›Leben und Werk im Überblick‹: Dr. Hans-Georg Schede, Freiburg

Layout: Yvonne Behnke, Berlin

Druck: westermann druck GmbH, Braunschweig

ISBN 978-3-507-69997-7